U0032621

新管理學系列 4

國際組織管理

——全球化與區域化之觀點

朱景鵬／著

出版緣起──代總序

　　「管理」的目的在於效率及生產力的提升。自二十世紀初，科學管理之父泰勒（Frederick Taylor）提出科學管理的傳統理論，經梅堯（George Mayo）霍桑實驗之行為科學管理理論發展，至 1960 年代由包丁（Kenneth Boulding）、帕深思（Talcott Parsons），以及其後的卡斯特與羅森威（Fremont Kast and James Rosenzweig）提出系統整合理論，實已建立了一個XYZ的管理主義（managerialism）家族傳統。加上1980年代先後延續發展出的新管理主義（neo-managerialism），其在組織內強調分權，在政策上主張解除管制，在技術策略上要求創新，管理主義顯然已成為新世紀公、私部門及第三部門優質治理（governance）的主要代表象徵。

　　二十一世紀千禧年，新社會各部門均在追求全方位管理精神的落實。所謂全方位管理精神包括：一、部門性管理主義──政府、企業，及非營利組織；二、功能性管理主義──知識、科技、人力資源、資訊、績效與關係；三、策略性管理主義──策略、危機及公共網絡；四、全球性管理主義──組織、文化、區

域。綜合此四個面向,可豐富當代管理主義的實質內涵。

　　本叢書的架構組織乃秉承前述理念,分別邀請當前台灣跨校各學科領域,傑出而又有共識的管理學者共襄盛舉。屬於第一類的專書有:《政治管理》、《政策管理》、《行政管理》、《新經濟管理》及《非營利組織管理》等;而第二類分別為:《財政管理》、《科技管理》、《人力資源管理》、《知識管理》、《資訊管理》、《品質管理》、《績效管理》、《企業關係管理》;至於《危機管理》、《策略管理》,及《公共網絡管理》屬於第三類策略性管理主義範圍;第四類則分別有:《國際組織管理──全球化與區域化之觀點》及《組織管理──文化創新與全球化趨勢》。

　　進入新世紀2000年,聯經出版公司開始與我接洽叢書企畫構想。對於一個有前瞻見地的出版業者計畫以此種跨科際整合方式,推動台灣地區首創的管理學叢書出版,個人除深表敬佩之外,亦期在各作者持續努力下,能以全套叢書之陸續付梓問世,見證聯經過去長期對台灣知識社會的貢獻。

政治大學公共行政研究所教授

詹中原

自序

　　二次戰後成立的聯合國，實質上標誌了人類追求和平與尊嚴、擺脫恐懼與貧困的重要意義。不過，聯合國的實際發展與功能，卻使得人類此一希望變成一個烏托邦的理想，遙不可及。當代現實的國際社會卻依然充斥著戰爭、危機與威懼，貧窮與大規模的人權迫害之舉仍然處處可見。標舉和平旗幟的聯合國，卻不斷地夾雜著「希望」與「挫折」。德國學者布雷德（Andreas Blaette）甚至以「聯合國失靈」（Versagen der UNO）形容其運作的無力感。研究歷史與國際關係的觀察家大抵上都認為，自中古世紀以來，所謂「世界帝國」的想法都被視作或由羅馬天主教教皇的支配者，或者是由君主治理的世界。一直到近代民族國家體系建立之後，國家主權平等的概念始成為當代和平的重要精神象徵。

　　不過，歷史發展的軌跡卻說明，世界和平要能夠獲得確保，即必須摒棄中央集權化與分階層化的國家支配體系，在此一背景之下，前述聯合國之成立即帶有組織「世界政府」（world government）之意味，也就不足為奇。近代對於和平概念的發展

有貢獻的聖哲，包括蘇利（Herzog von Sully, 1560-1641）、克魯斯
（Emeric Cruce, 1590-1648）、威廉‧潘（William Penn, 1644-1718）、
聖皮耶（Abb'e de Saint-Pierre, 1658-1743）、盧梭（Jean-Jacques
Rousseau, 1712-1778）、康德（Immanuel Kant, 1724-1804），以及
邊沁（Jeremy Bentham, 1748-1832）等人，和平的思想體系也就是
順此逐步鎔鑄而成，其中影響較大者厥為康德所著《邁向永恆
和平》（*Zum ewigen Frieden*）一書，該書揭櫫了建構世界和平的
兩個重要要素：一是國家以「聯邦」的形式組成，藉由和平條
約的簽署，逐步形塑成國際組織的架構，解決國家與國家間的
爭端與衝突。這個概念影響日後國際組織的成立具有相當意
義；其次是康德認為，國家憲法之制訂，應符合自由民主的意
旨。這個思維成為日後國際組織運作的民主與法制化的理論基
礎。證諸當代國際體系的變遷與區域性、國際性合作組織如雨
後春筍般成立及其精神，均無法擺脫國際與區域和平秩序的建
構與維持。筆者撰寫本書的最重要動機，即是希望世界和平能
夠獲得確保。

　　筆者學習國際與區域事務的研究，曾受業於葉陽明教授、
林明義教授、洪茂雄教授、程家瑞教授、杜筑生大使、芮正皋
大使、陳岱礎大使，在諸師的教導下，影響筆者研究思維甚深，
及至赴德深造，復在指導教授Claus Leggewie、Peter Schmidt、
Dieter Eissel、Manfred Doerr、Klaus Kroeger、Gottfried Erb等人
的薰陶下，常浸淫於學術而樂不思蜀。自1995年8月返國，任教
於國立東華大學大陸研究所及公共行政研究所期間，特別蒙創
校校長牟宗燦博士及現任校長黃文樞博士的勉勵，戮力就業於

學術研究、教學相長，乃至於學術行政與社區專業服務等，至今仍不敢或日而忘。對於前述師長的鞭勉，筆者謹此致以最誠摯的感恩。

本書撰寫的背景，筆者要特別感謝政治大學詹中原教授的邀撰、聯經出版公司的邀請，始構成筆者撰書的動力。在撰書過程中，尤其受到德國母校提供豐富的研究資源，以及由Eissel教授提供的研究協助，乃至於與Markus Ludwig博士所進行的學術觀點交換等，均構成完成本書的重要因素。2001年12月，德國Fischer出版社出版了發展與和平基金會（Stiftung Entwicklung and Frieden/SEF）的《2002年全球趨勢》（*Globale Trends 2002*）一書，即是以全球化、全球治理的概念框架，將全球化的問題歸納為世界社會（包含全球貧富問題、人口成長遲緩與都會化發展、婦女與性別政策）、世界文化（包含文化與知識、人權與社會發展、媒體與知識社會、文化衝突異質文化對話）、世界經濟（包含生產與貿易、財政與債務、科技與發展）、世界生態（包含環境媒介與破壞、環境衝突與環境安全），以及世界政治、和平與安全（包含全球化與發展合作政策、裁軍與安全、衝突與危機預防）等五大議題。值得一提的是，該書主要的探討軸心點，仍是全球性與國際社會互賴關係及其發展趨勢。對此，筆者撰寫本書的過程中，也特別著重於國際組織與全球化發展趨勢的接軌問題。不過，由於筆者時間與精力因素，對於本書內容仍有未盡暢述之處，因此在個案探討部分仍有發展研究的空間，且其中不免尚有未盡周延之處，尚祈專家學者及讀者多所指正批評是禱！

　　本書之完成，筆者心中最感恩的是愛妻健蓉及我兒翔遠。他們犧牲了許多家庭相聚的時光，在筆者旅德寫作的一段時間裡，他們也長相作伴，給筆者最大的精神支持與依靠，讓筆者執筆之餘，多了一份完全的溫暖。同時，在此也一併向聯經出版公司顏惠君小姐、東華大學公行所陳筱玥小姐、葉錦棟先生，以及筆者的研究助理佳玉、應文、舜莉等人的繕打、整理、校對等所提供的協助，表示最高的謝意。最後，謹以本書敬獻給筆者已逝十餘年的雙親，並藉此向他們遙寄為人子女的孝思。

東華大學公共行政研究所教授

朱景鵬

目次

表次

圖次

第一章
全球化、區域化與國際組織

一、全球化、全球治理與國際組織

　　近10年來，全球化已變成一句口號，受到政治、傳媒及學術熱烈討論，它代表著機會，但也意味著更多的威脅。它在某種程度上也代表著國際化與逐步的去國家化（denationalization）的過程。全球化同時也指涉一種歷史實質演進的過程，在世界不同區域產生程度不一的不對稱發展的全球性趨勢。因此，一般來說，全球化即是介於不同國度、地區、社團、組織、機構與各種議題與問題之全球性的互賴與聯繫網絡現象，此一聯繫網特別指涉量的增加、質的提升，以及空間的延伸性。在此一關係網絡中，國家、國際組織以及跨國公司企業與民間社團，均構成全球化國際舞台的行為者。

　　從歷史觀點而言，全球化並非是一個新的產物或現象。大約150年前，馬克思（K. Marx）與恩格斯（F. Engels）在共產主義

宣言中，即已出現如下陳述：「為了因應產品市場擴張的需要，資本家掠奪了地球的資源……在傳統國家的技術受到毀滅威脅，並且日益遭到揚棄。這些國家受到新工業發展的排擠，使其工業不再依賴本國的原料，而是來自於其他更加偏遠的地方的原料所加工，其製成品銷售不再僅限於其本國，同時在全世界建立了銷售點。原來自給自足的生活方式，也因為交通運輸的方便，使得國家與國家間在物質與精神的依賴關係，將更加緊密。[1]」

　　人類第一次全球化發展的階段，起源於工業革命發展初期，世界經濟體系逐漸形塑，國際貿易往來活動漸趨頻繁，交通運輸日益便捷，技術更新克服地理與經濟往來的障礙與限制，1866年電報的使用、1891年跨國的電話流通、1919年的國際航空路線的開闢，均已指涉全球化的過程改變了世界地球的政經風貌。關於全球化形成一股風潮的原因各殊，不過，簡單分析可以歸納兩類相異的成因：一是將全球化視為一種外部力量與內在需求互相影響的過程，其中包括科技的進步，生產力與生產方式、生產關係的改變，跨國企業的形成，國際勞動市場的區隔，以及基本的社會與文化變遷過程等。全球化在此即是國家由傳統向現代社會過渡的一種向「現代化」或「西方化」轉軌的趨勢，並且與政治較無牽連。另一類則是將全球化視為是國家創造發展條件的結果，也就是全球市場網絡的建

1　Karl Marx & Friedrich Engels, *Ausgewaehlte Werke in Sechs Baenden*, Band I (Berlin, 1979), p.420.

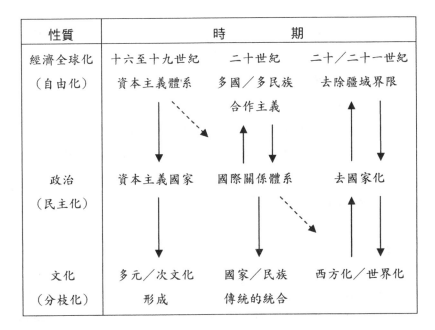

圖1-1　不同時期全球化現象的特色

資料來源：Johannes Varwick, "Globalisierung", in W. Woyke(ed.), *Handwoerterbuch Internationale Politik*(Opladen: Leske & Budrich, 2000), pp.137-140.

註：────▶ 代表主要全球化發展原因。

　　- - - - - ▶ 代表主要全球化發展趨勢。

構，若無國家政治機器在技術條件的前提下制訂政策、調節措施，則全球性互賴網絡將無法形成。不過，根據史考特(Jan Aart Scholte)的研究，全球化的理性辯證可依據不同區域、不同議題的發展程度，區分為如下幾個面向：

1. 全球化的發展程度並非是國際同步的。

2. 全球化並非是意味全球性標準化，應當考量各區域的文
   化差異性所帶給全球化現象的可能反映。
3. 全球化並非意味地理疆域的終結，而像是代表一種超越
   疆界障礙現象的形成。
4. 全球化並非意味單一因素即可形成，不論是技術進步、
   現代化發展、生產力的提升，或國家制訂規則的解構等。
5. 全球化既非作為解釋國際關係現象的萬靈丹，也不意味
   是自由民主政府制度的勝利。

二、區域化、區域主義與國際組織

國際關係的區域化概念主要以兩極形態呈現：一類是介於
國家單元(例如一般民族國家、國民經濟或各種社團等)之間的
國際跨國互動(例如外貿、金融流動、旅遊、移民、交通電訊等)；
一類是國家間藉由機構的結合建構超國家的組織單元，以制訂
共同的政策。在一般英語的語彙表達，第一類代表的是區域化；
第二類則稱之為區域主義。在政治學界對區域化的現象賦予不
同層級的意涵。首先，政治學將區域化視為一種多國性或全球
性的結盟集團的分枝化現象，藉由集團的分枝形成區域性相互
對立或衝突或競爭性的結盟；另一方面，愈來愈多的發展趨勢
顯示區域化與國家間在經濟、社會文化的統合息息相關，此一
現象顯示區域化代表的是一種國際間的合作形態。前者例如
1950到1970年代東西冷戰衝突期間，以區域軍事、經濟對峙的
區域性結盟，如NATO vs. WTO(北大西洋公約組織對華沙公約

組織），COMECON vs. EC（東歐經濟互助委員會對歐洲共同體）
等；至於後者，則自1950年代自西歐統合運動迄今，特別是國
際上自1980年代中期以後，區域經濟統合運動呈現組織結構化
之發展趨勢，對於貿易優惠協定、自由貿易區、關稅同盟、共
同市場的討論等，均形成後冷戰時期區域主義的特色。同時，
也形成與民族主義、全球主義並存的國際體系的特質。不過，
值得探討的是，不同區域的區域化結構發展的差異性，及其未
來發展的展望，各有其不同轉變的障礙或限制。

　　從霸權穩定理論觀點而言，代表的是一種新現實主義的觀
察。美國經濟學者金伯格（Kindleberger）即曾以經濟歷史的觀
點，分析1930年代的世界經濟危機，認爲一個國際體系的穩定
需要一個霸權國家的領導，由其提供公共物資，平衡國際競爭
之態勢。此一理論獲得吉爾平（R. Gilpin）及克雷斯納（S. Krasner）
等人的支持[2]。相對於此，新自由主義（neoliberalism）與新制度主
義（neoinstitutionalism）論者持不同見解。渠等認爲國際區域化的
發展，主要是因爲全球化發展形成的體系互賴，所導致各參與
的國家或集團的理性選擇與功能取向的結果。區域統合所帶來
的合作結構化的機制，將對參與的成員產生更具強烈合作願望

2　Charles Kindleberger, The World in Depression 1929-1939
　　（Berkeley:University of California Press, 1973）; Robert Gilpin, The
　　Political Economy of International Relations（Princeton: Princeton
　　University Press, 1987）; Stephen D. Krasner, "State Power and the
　　Structure of International Trade", in World Politics, Vol.28,
　　No.3（1976）, pp.317-347.

的社會化過程,並有利於進一步的合作。例如,主張關稅同盟
(customs union)甚力的經濟學者魏納(Jacob Viner),即認爲傳統
的自由經濟理論強調關稅同盟,不必然會對一國家的社會福利
制度產生負面影響,因爲渠等將一個更廣大的市場視作是一個
更適合經濟發展的對象。魏納進一步分析區域統合的福利溢出
效應是多元的,它可以建立一個超國家的更巨大的貿易市場〔即
貿易創造效果(trade creation)〕,另一方面,它也可以爲過度不
當競爭,以及較不重視社會福利的國家,帶來貿易轉向(trade
diversion)的效果。此即美國所主張的「開放性區域主義」(open
regionalism)的內涵,主要目的在於促進區域內的市場開放與貿
易自由化,也是美國積極促成關稅暨貿易總協定(GATT)向世界
貿易組織(WTO)轉型,以及建立北美自由貿易區(NAFTA),領
導亞太經濟合作會議(Asia-Pacific Economic Cooperation
Council,簡稱APEC)的主因。另外,新制度主義[3]論者如柯恩(R.
O. Keohane)等人,即反對穩定的世界經濟秩序需要以一個穩定
的霸權國家作爲條件。渠等認爲,區域結盟的最主要誘因,並
非國家的權力結構大小,而是能爲參與結盟的國家帶來多少經
濟效益,同時能以集體的方式解決共同的問題,降低交流成本,
擴大長期的合作期待,並相互提供公共物資,互相滿足功能性

3 Jocob Viner, *The Customs Union Issue*(New York: Carnegie Endowment
   for International Peace, 1950), Hartwig Hummel/Ulrich Menzel,
   "Regionalisierung und Regionalismus", in Wichard Woyke(ed.),
   Handwoerterbuch Internationale Politik(Opladen: Leske+Budrich,
   2000), pp.383-391.

的需求。此一主張與社會建構主義者(social-constructivists)論調
接近,彼者認為區域結盟雖有地理鄰近或文化發展等若干同質
性因子做基礎,不過,更重要的動力還在於成員與成員之間積
極地建立一種共同的社會與政治認同的過程。

　　此外,新結構主義者(neo-structuralists)則自資本主義市場經
濟功能性需求角度分析區域化的現象。例如納爾(Wolf-Dieter
Narr)及舒伯特(A. Schubert)等人,即將歐洲統合作為引發世界
經濟區域集團化的典範。在規模經濟與技術發展的雙重條件
下,形成跨國性聯合企業集團的競爭,並進一步導致「規模政
治」(politics of scale)的成形,擴大其合作範圍。渠等並分析以
北方工業國家為主的區域化機制,主要在加強資本主義市場經
濟的合作與競爭,但在以南方發展中國家為主的區域化的架構
合作,則主要在於避免國家政經地位的邊陲化[4]。

　　經驗資料分析顯示,世界經濟區域化發展趨勢主要集中在
西歐、亞太(東亞)及北美地區。在西歐地區,自1952年歐洲煤
鋼共同體(European Coal and Steal Community,簡稱ECSC)、1957
年的歐洲經濟共同體(European Economic Community,簡稱EEC)
與歐洲原子能共同體(European Atomic Energy Community,簡稱
EAEC),發展至1993年的歐洲聯盟(EU,簡稱歐盟),統合的特

4　Wolf-Dieter Narr & Alexander Schubert, *Weltoekonomie: Die Misere der
　　Politik*(Frankfurt a. M.: Suhrkamp, 1994); Bjoern Hettne, Andras Inotai
　　& Osvaldo Sunkel(eds.), *Globalism and the New Regionalism*(New
　　York: St. Marin's, 1999).

色在於成員國版圖的擴大(widening)，以及統合政策廣度與深化
(deepening)，同時，成員國的部分國家主權也移轉到超國家結
構的歐盟機構。其結果之一是，歐盟成員國之間的外貿結構大
約具有70%的互賴程度；另外，在安全政策的區域結構則有歐洲
安全暨合作組織(OSCE)、西歐聯盟(West European Union，簡稱
WEU)，以及北約組織(NATO)等。在北美地區，美、加兩國於
1989年建立雙邊自由貿易區(CUSFTA)，1994年納入墨西哥，形
成北美自由貿易區(NAFTA)。北美自由貿易區的建立凸顯出美
國的雙軌貿易政策，一則在關貿總協定／世界貿易組織
(GATT/WTO)架構下，推動世界多邊貿易自由化；一則試圖在
區域性與單邊的協議基礎上，建構一種侵略性或掠奪性的市場
開放政策。美國甚至在1990年建議成立「美洲自由貿易區」
(AFTA)，準備將其政治影響力擴張到中南美洲國家。對此，中
南美洲及加勒比海一帶國家爲保持國家的獨立性與避免邊陲
化，自1950年代開始，即積極推動成立區域統合組織，例如1973
年的加勒比海共同體(Caribbean Community，簡稱CARICOM)；
1951 年 的 中 美 洲 統 合 體 (Sistema de la Vutegracioen
Centroamericana ，簡 稱 SICA)；1969 年 的 安 地 斯 共 同 體
(Comunidad Andina)；以及 1995 年 的 南 錐 共 同 體 (Mercado
Comun del Cono Sur，簡稱MERCOSUR)等。

　　在東亞地區所推動的區域化，更多的考量是在於經濟關係
的戰術發展需求。對於區域化的組織結構機制尚處於一種建構
中狀態。不過，事實上在1960年代，東南亞地區的印尼、泰國、
馬來西亞、菲律賓及新加坡五個國家外長，即在泰國簽署「曼

谷宣言」(Bankok Declaration)，成立東南亞國家協會(Association of South East Asia Nations，簡稱ASEAN，又稱東協)；另外，在開放性區域主義以及軟性區域主義(soft regionalism)的概念驅使下，在美、加兩國的積極促動下，由澳洲於1989年提議成立亞太經濟合作會議(APEC)，作爲美國推動自由化過程的路徑，在此一戰略下，台灣、香港及中國大陸於1991年的漢城會議中成爲亞太經濟合作會議的成員，並自1993年起推動元首高峰會議。根據1994年的亞太經濟合作會議波哥宣言(Bogor Declaration)，亞太經濟合作會議將於2020年以前，完成亞太自由貿易區的計畫。爲了反制美國及西歐區域化的企圖，馬來西亞於1990年倡議組織「東亞經濟集團」(East Asian Economic Grouping，簡稱EAEG)，其成員僅包含亞洲地區的東南亞國家協會會員國，例如中國大陸、南韓及日本等。不過，此一建議招致強烈批評，最後改以「東亞經濟核心」(East Asian Economic Caucus，簡稱EAEC)的非正式會議活動。自2001年亞太經濟合作會議上海會議後，ASEAN+1(中國大陸)或ASEAN+3(中國大陸、日本及南韓)成立自由貿易區的倡議不斷；另外在東協也建立區域論壇(ASEAN Regional Forum，簡稱ARF)，作爲區域內的安全與信心建立措施的機制。亞太經濟合作會議可說是全球第一個跨區域的經貿合作論壇形式的組織，不過，亞太經濟合作會議除了經濟領袖會議、外交與經濟等部長級會議(Economic Leader's Meeting/Ministerial Meeting)、秘書處、委員會與工作小組(Committees and Groups)，以及企業諮詢會議(Advisory Council)等會議形式的合作外，其組織機構完整性及其職權與運

作的成熟度，均無法與歐盟或甚至北美自由貿易區相比擬。不過，歐盟與美國間也於1990年11月簽署「跨大西洋自由貿易區」(Transatlantic Free Trade Area，簡稱TAFTA)宣言，定期帶引論壇，並進一步於1995年發展成「新跨大西洋議程」(New Transatlantic Agenda)，由美國總統、歐盟執行委員會主席與歐盟元首高峰會議(European Council)輪值國主席，每半年輪流舉行高峰會議，未來跨大西洋自由貿易區並計畫納入北美及東歐其他國家。相對於此，歐盟與東協國家亦於1996年建構亞歐會議(Asia Europe Meeting，簡稱ASEM)，與歐盟、東協的會員國及日本、南韓、中國大陸的國家元首，以及歐盟執委會主席，每兩年舉行高峰會議，藉此加強跨區域間的合作關係。

除此之外，其他地區的區域主義結構與區域化現象的發展也由來已久。例如，1963年非洲團結國家組織(Organization of African Unity，簡稱OAU)、1980年南非開發共同體(South African Development Community，簡稱SADC)、1983年東南非共同市場(Common Market of Eastern and Southern African Community，簡稱COMESA)、1975年西非國家組織經濟共同體(Economic Community of West African States，簡稱ECOWAS)、1985年的南亞區域合作協會(South Asian Association for Regional Cooperation，簡稱SAARC)、1985年中東經濟合作組織(Economic Cooperation Organization)、1945年的阿拉伯國家聯盟(the Arab League)、1981年的海灣國家合作理事會(Gulf Cooperation Council，簡稱GCC)、1989年的北非同盟(the Maghreb Union)、2002年的非洲聯盟(the African Union)；此外，以俄羅斯為首的

中東歐改革國家與獨立國協國家，亦於1992年共同成立「中歐自由貿易協會」（Central European Free Trade Association，簡稱CEFTA），作為區域經濟結盟的合作機制（詳見圖1-2）。

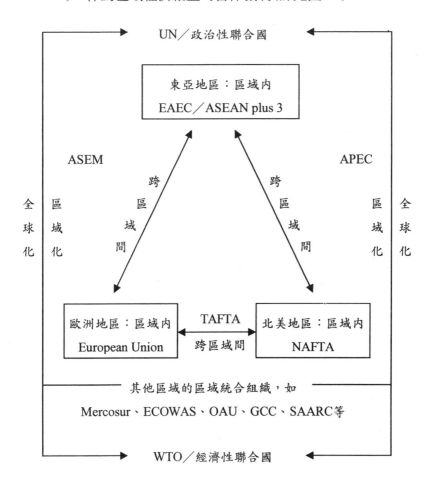

圖1-2　全球化與區域化的國際經濟統合現象

第二章
全球化與國際體系

一、全球化與地方化

　　由於傳播科技的進步，二十一世紀的人類在短短幾秒之內就可以獲取各種資訊，同時掌握世界的脈動。服務業與資訊業也在整個世界經濟發展的過程中，扮演愈來愈重要的角色。與此同時，交通網絡與技術的改善，大幅降低貨物的陸海空運輸成本。隨著資訊科技的普及化，減少了許多繁複的行政流程，也使得國際社會的交流、互賴更形密切。

　　教育程度的提升、科技的更新，增加了人類思想交流與溝通的機會，過去標榜市場計畫經濟(the planned economy)的國家，也因為經濟發展的挫敗經驗，不但受到全球化與地方化(localization)的挑戰與衝擊，亦使得這些國家被迫與全球化、地方化的發展趨勢接軌。而當今國際社會，國家的治理形態各異，以民主形態為主的國家仍是當今世界主要潮流，以民主選舉為

政治共同參與的最重要管道,這些國家與國家(national)與次國家層級(subnational level)的選舉建構參政的管道。兩種層級亦均在各個行政層級方面分享權力與承擔責任。

根據Freedom House的統計,在全世界以多黨制度發展的民主國家當中,有超過93%以上的國家均發展次國家層級的選舉。全球人類亦正在進行一場跨越國家傳統主權障礙的革命──建構一個不以單一國家爲主的組織,藉此以解決各國的政治改革、環境保護、性別平等,乃至於教育環境均等的問題[1]。

全球化與地方化的討論所引起的反應,目前仍然呈現兩極狀態。有正面評價,也存在負面效應。讚揚全球化的論調認爲,全球將產生新的機會,例如市場開放、技術移轉、提升人類生活水準,以及增加生產量等。

相反的,全球化的概念亦迭受爭議與譴責,因爲它爲國際社會引致許多不穩定的均衡發展因素,並且導引出許多不受歡迎的規則。它使得勞動階層的工作受到威脅,假如外來資本大量湧入,將削弱整個國民經濟的正常發展。

同樣的,地方化的概念受到讚揚,主要在於其在政治決策過程中的共同參與權獲得擴大。透過行政的去中央化(decentralization)、次國家層級權限的擴張等改革,將有利於提升行政結構體系的運作效率。

不過,地方化的發展仍有可能危及國家總體經濟的穩定性。例如,地方層級行政機構高額信貸以及不當使用的情形,

1　參閱Freedom House, *Freedom in the World*(1998).

同時不斷要求國家政府提供財政支持措施等情況，均有加劇的趨勢。面對此一態勢，如何建構一套有效率的組織運作結構，以及有能力的機構（institution），已然變成國家在面對全球化與地方化雙重挑戰下不可或缺的機制。

　　從全球化的的角度而言，它迫使國家政府藉由超國家機構間的協調，致力於建構夥伴關係，這些對象包括他國政府、國際政府間組織、非政府間組織，以及跨國的多國籍企業等。至於地方化，則要求國家政府應借助於次國家層級的機構，用以分配責任，提升區域發展。因此，隨著全球化與地方化的衝擊，國家政府的角色權限或許面臨限縮，也或許需要重新予以定義。

二、全球化與國際體系的互賴：概念與理論檢視

　　在後冷戰時期，互賴（interdependence）與全球化已然形成國際社會討論熱絡的話題。在國際關係發展過程中，國際政治經濟學（international political economy，簡稱IPE）與互賴理論的興起，影響了1980年代末期及1990年代初期全球化理論與角色的討論。

　　事實上，互賴與全球化仍是兩個唇齒相依的概念。就互賴而言，經常指涉的三個附屬概念，首先是「人類互賴」（human interdependence），除了強調人類無法脫離群體獨居之外，尚包含若干假說，例如人類生存的社會本質、人類行為的道德範式、相互交流（sociability），以及互有責任的規範允諾（normative commitment)等，似乎也是人類互賴的一套固有準則。

其次，就「國際互賴」(international interdependence)的概念而言，有關「國際」一詞，一般將之視為「國家間」(interstate)的同義詞。國際互賴因此也稱為國家間互賴往來的各種形態關係，或是狹義地界定在國家與國家間的協議關係。其本質與特色，在於發揮國際社會「政治性」與「法律性」自治實體(autonomous entities)的局部影響力。因為每一個獨立國家，大抵在傳統上均主張主權的神聖不可侵犯，同時也極力保持其國家的獨立性與完整性。

第三個附屬概念即是「全球互賴」(global interdependence)，通常反映出以國家間關係為主的國際社會，致力於形塑一個「世界共同體圖像」(vision of a world community)的過程。不過，此一過程就目前演化情形加以觀察，發展仍然有限。從狹義角度觀之，全球互賴的視角呈現出一種地球人類所面臨的共同命運，全球各個單元均互為主體；自廣義角度而言，全球互賴包括人類世界的道德融通(moral commonalty)與相互影響(mutual impact)的一種全球化階層的互賴過程[2]。

國際互賴與全球化的發展與重要性牽涉範圍甚廣，最重要的關鍵問題，仍在於國際社會政治經濟互動的影響下，所導引人類發展的方向。此一問題涉及經濟與政治的可分隔性

---

2 R. J. Barry Jones, *Globalisation and Interdependence in the International Political Economy*(London & New York: Pinter Publishers, 1995), pp.3-5.

（separability）；該分隔性的相互融通程度，乃至於這兩個影響人類活動的核心面向，其影響程度及方向又各為何？對於這些問題，貝瑞‧瓊斯（Barry Jones）視為與政治經濟學發展的理論息息相關。例如，從經濟自由主義（Economic liberalism）的角度分析，當代受西方國家所支配的國際秩序之建構，為日益增加的全球化發展趨勢，與國際經濟互賴，提供了明確的闡釋。

對於純自由主義論者而言，藉由政治制度的設計，雖可以「控制」（hold the ring）自由企業，但政治卻無法自欺欺人，欲藉此擺脫經濟活動的運行。不過，相對於麥金雷（R. D. McKinlay）以及雷特（R. Little）等人所提出的「補償性自由主義」（compensatory liberals）觀點而言，渠等更加重視對經濟性活動採取集體行動，並且主張對市場採取權威性指導（authoritative guidance）[3]。自由主義強調國際經濟活動的自由貿易、專業化的貿易活動對國際互賴程度的提升，以及比較競爭優勢的國際社會的形成，已然形成一股新的發展態勢。簡言之，自由主義企圖建構一個具「相互優勢」以及和諧的「政治與社會」關係的新國際體系。

另外，馬克思主義論者（the Marxist）傳統上認為，政治行為基本上係由一個社會當中經濟基礎結構的本質與發展所決定。雖然當代複雜的國際政經網絡關係，已非當年的馬克思所可預見，但其追隨者仍將此一結果歸因於經濟因素，並且認為此乃

3　R. D. McKinlay & R. Little, *Global Problems and World Order*(London: Frances Pinter Ltd., 1986), pp.36-41.

資本主義國家所支配形成的世界體系。對渠等而言，此一體系代表著一種剝削（exploitation）與不安（instability）關係。現代新馬克思主義者（neo-Marxists）與親馬克思主義者（near-Marxists），亦將當前低度開發國家未能持續進展，歸咎於資本主義國家長年控制的結果。因此，對於如何將現階段國際互賴體系予以瓦解或予以轉型，乃至於將全球化趨勢予以扭轉，均已成為當代許多馬克思主義論者未來努力的基本主張。

再者，就經濟現實主義者（economic realism）的觀點而言，主要強調政治因素對於實現建立經濟秩序過程的影響力。渠等仍對於國際經濟互動的主流發展感到「不可預知」（agnostic），並且對於已建立的互賴關係，以及全球化的發展路徑、速度與未來趨向，抱持著懷疑的態度[4]。

實際上，經濟現實主義承襲馬克思主義學派的諸多觀點，認為國際經濟集團化結盟的結果，將更容易引起摩擦，並潛藏更多衝突的因子，並非像一般自由經濟學界所論述的更加和諧與締造全球繁榮。

其主要立論，係基於強權國家及其他行為者的介入，主要是為了掌控資源，但隨著時間的推移，國際情勢環境的改變，將迫使渠等無法如願取得最佳化的參與效應，最後即可能利用其軍事優勢，藉以實現對人、領土的控制，並使其所建立的跨

4　Kenneth Waltz, "The Myth of National Interdependence", in Charles P. Kindleberger(ed.), *The International Corporation*(Cambridge, Mass: MIT Press, 1970), pp.205-223.

國公司(Transnational Corporations，簡稱TNCs)及其他跨國行為者，得以保持其發展優勢。

當然，經濟現實主義承認，國家發展經濟關係最主要的操控因素，係在於實現國家的政治與安全目標。由此，政治目的的達成，將有利於經濟資源的取得。過去，重商主義(mecantism)時期影響所及，仍然無法與現實國際發展脫鉤。事實上，在後冷戰時期，「新世界失序」(new world disorder)的現象，暴露出許多衝突議題與區域衝突的產生，均與資源的爭奪有關。此由中東地區的「水上政治」(Hydro-politics)，以及前蘇聯所屬的地域，仍然對前南斯拉夫從陸路走廊到海岸地區具有相當影響力等，可見一斑。

其他諸如結構主義論者(structuralist)亦強調，國家具有主宰經濟命運的角色，國家不僅可以在國內制訂一套發展計畫，同時可以將該計畫訴諸國際經濟體系的運作當中，並將之作為發揮國家權力與影響力的一座實驗場域；又如制度主義論者(institutionalist)則認為，國家大量熱中於彼此結盟，或與其他著名的「非國家行為者」(non-state actors)結盟，其目的均在加深相互依賴的程度，並且促進全球化。當然，對於以上各種理論研究與途徑，其在於解釋國際互賴與全球化的因果關係方面，雖均各執一詞，言之成理，但仍然存在許多爭議未解的問題，等待檢視。

三、經濟互賴與全球化：統合與聚合

全球化與國際互賴的概念，事實上帶有重疊性與相似性。過去許多討論顯示，統合(integration)、聚合(convergence)、互聯性(interconnectedness)、互為影響(mutual influence)、相互依賴(mutual dependence)，乃至於全球化等概念與意念均非常相似。

就「統合」而言，係當今國際體系研究的一個日趨重要的概念。根據《牛津英語辭典》的解釋，統合被定義為：「一個整體的形塑，係由分開的幾個部分或元素共同聯結而成；是一種形塑中的整體或全體」。

這個定義在國際政治經濟學的實踐中，最具體的實例即是歐洲國家在統合的概念驅使下，形塑一個「歐洲共同體」(European Community)，或者是「歐盟」(即歐洲聯盟，European Union，簡稱EU)。這是國家間藉由一系列條約(treaties)，所建立的正式經濟與政治實體的結盟，也是當今國際社會最清楚地以統合形態參與國際事務的典範。

不過，若將統合的概念應用於當今國際社會金融與貨幣體系中，則尚有爭議。但是，由於使用統合概念的國際組織或機構不勝枚舉，不論是政府間或私部門(private)，因此，在透過國家與國家間貨幣與金融的跨國互動過程中，亦整合出一套異中求同的機制，例如1945年12月27日生效的「布雷敦森林協定」(the Bretton Woods Agreement)，即建構出一套國際貨幣的規範

與機制。

無疑的，正式的國際統合概念至少應包含幾個要件，例如，必須要有一系列條約或協定為基礎，同時條約規範的內容與效力應予以評量；必須要具備一套法律機制（legal instruments），對既存的組織活動予以規範。

此外，國際統合概念還必須具體地、明確地界定政治與經濟共同團體哪些是已屬統合完成的範疇，以及哪些是未來統合的政策範疇。

至於非正式的統合概念之所以被應用，主要是因為參與成員的期望、態度認知及其欲構建的共同體圖像的原則與實踐，雖然存在著差異歧見，但彼此之間仍相互尊重。統合也適用於非官方領域，例如私人企業也建立跨國結盟或結成會社，發展策略性夥伴關係，藉此協調彼此的商業性活動。

再就聚合的概念觀察，在各個經濟體（economies）緊密的政經互動與結盟的關係之下，將可促進其彼此在基本經濟發展指標的協調統整與聚合。同時，也可能促使該區域內各個產業提升競爭力，進一步使其彼此發展為「統合經濟區」（integrated economic area）。

「統合」與「聚合」之間的關係，也可以歐盟建構的貨幣統合政策加以說明。歐盟單一貨幣與貨幣同盟建立的幾項重要條件，在1992年12月生效的「馬斯垂克條約」（The Maastricht）中予以揭櫫。當年規定在1999年1月1日最後決定採取共同貨幣之前，各個成員國必須完成加入的「聚合條件」（criteria of convergence），而在當時的12個成員國當中，完全符合加入要件

的,僅有盧森堡一個國家[5]。

此一現象顯示,在進行正式的統合政策之前,組織體應先就各個成員國之間建立嚴格的聚合評量機制,並且對「最適匯率區域」(optimal currency areas)進行廣泛辯論。同時,此亦反映出經濟條件的快速聚合,及其與參與成員國國內經濟典制的和諧發展,其基本要件在於需要採取廣泛的措施,例如1993年開始實施的單一市場計畫,仍然需要1987年生效的「單一歐洲法案」(Single European Act)作為前置準備。

全球化的定義面向正如前述,具有多元的本質,對許多研究而言,全球化代表的是國際間金融、生產,以及經濟互動「國際化」的一種過程。全球化的發展威脅著一般民族國家的傳統功能,包括單一政府採取有效率行動的能力,以及最根本的民主政體的效能等。

另外,全球化也標誌著世界性的生產、科技能力的標準化,同時也增加全球所有國家所面臨的共同問題,與競爭性經濟壓力的能見度[6]。聚合與互聯性的概念,無疑地符合此一全球化的定義。為了使全球在緊密互聯過程中,以其彼此共同經驗與所面臨共同的問題,以全球化的概念加以因應,基本上也是無可厚非。只是問題在於這種互聯性的概念假如形成一種掠奪性、

5 M. J. Artis, "The Maastricht road to Monetary Union", *Journal of Common Market Studies*, Vol.30, No.3(1992.9), pp.299-309.

6 David Held, "Democracy: from city states to a cosmopolitan order?", *Political Studies*, Vol.XL, Special Edition(1992), pp.10-19.

決定性的工具,則將使得國際社會的互動變得更加複雜,並產生更多的嫌隙,進一步裂解國際秩序。

例如,國際石油市場的價格變動將快速反映至全世界,不論是生產者或消費者、國際依賴石油進口的國家,其互賴格局變得複雜而不可測,而依賴石油作為歲入主要來源的國家,也將受到衝擊。

因此,國際石油市場不僅高度顯示出國際的相互依存有其必要,但同時也使得「獨立自主」與「相互依賴」如何平衡聯結,以求得國家最大化利益,成為國際間複雜且疲於應對的問題。

四、全球化與國際互賴:結果與影響

如前所述,全球化與國際互賴在本質上是性質相近,甚至是模稜兩可的概念。其發展固然是當今研究政治經濟學的重要潮流,當然其所引致的衝擊與影響也是多元的。這其中包括對國家經濟、產業政策與轉型的實際影響,以及非國家經濟行為者角色的提升、對發展民主的限制、對外交與安全政策的衝擊、「南北關係」(North-South relations)的調整,乃至於對世界和平與繁榮的促進等,均可見其烙下的警跡。

首先,就國家經濟產業政策的影響,與國內經濟轉型的議題而論,貝瑞‧瓊斯曾援引庫伯(Richard Cooper)的研究加以說明。庫伯基本上將互賴視作是:「兩個或兩個以上的國家,為經

濟發展所做的一種敏感經濟交易關係」[7]。庫伯的核心觀點認為，
國際互賴關係的滋長是經由國家市場的參與，倘若國家政策失
靈，將可能進一步危及國家尋求經濟目標的決策能力與自主
性。所謂的國家自主性(national autonomy)反映的，既非經濟上
的自給自足或是政治上的主權問題，而是一項評量政府是否有
能力制訂國家總體經濟框架，乃至於落實政策目標，並避免市
場的腐化與崩潰。而國際互賴的程度愈深，將使得國家在貨幣、
關稅政策、對企業的規範措施、國家資源的分配計畫，乃至於
影響國家對外貿易收支平衡的政策等，降低其自主性。

對此，庫伯提出三項國際發展中的趨勢加以詮釋：第一，
國際金融統合促進了國際間基金的迅速流動，反映了一個國家
經濟條件的變化；第二，貨物製造業與服務業市場大規模全球
化，使得技術的擴散與移動速度加快，此亦連帶使得許多經濟
體增加開放，並解除若干對外貿易的限制；第三，跨國集團或
公司(TNCs)經營的規模與範圍日益擴大，貨物生產製造與服務
業跨越國界的結果，使得國際金融流通改變了金融風貌。

例如，2002年1月1日誕生的歐元(EURO)，已徹底使得歐盟
大部分國家的貨幣政策，轉移到超國家(supranational)層級上去
運作與管理。當然，跨國公司的國際投資行為主要並非在於協

---

7 R. N. Cooper, "Economic interdependence and foreign policy in the
   seventies", in R. N. Cooper, *Economic Policy in an Interdependent World:
   Essays in World Economics*(Cambridge, Mass.: MIT Press, 1986),
   pp.1-22, here p.1.

助其他經濟區城的技術更新，其動機基本上仍著眼於低度開發
區域廉價的勞動成本優勢。若干跨國集團的投資，實質上就是
爲了勞力密集或黃昏產業尋求出路，藉此維繫這些產業的生命
線。

　　再者，全球化對已開發國家(AICs)、新興工業化國家(NICs)
造成更大的競爭，使得世界經濟呈現不規則發展曲線；大部分
以進口爲導向的經濟體仍然採取保護主義，此種態勢阻礙了大
部分低度開發國家(LDCs)的經濟發展，同時也改變了國際政治
經濟秩序中的「南—北關係」。

　　1970年代末期，大部分貧窮的南方世界國家仍然樂觀相
信，增加與富裕的北方工業化國家的依賴關係，將使得「權力
平衡」(balance of power)的理論向南方國家傾斜；同時也相信，
北方國家將因此更依賴於南方國家資源的供應。但事實發展卻
顯示，南方國家根本就缺少解決其國民生計與克服貧窮問題的
能力，同時也無法利用其國內資源支持其產業發展，或者爲其
所需的進口產品付出成本，因此根本無法抵禦北方國家的剝
削，並且還須仰賴其救濟與糧食的供應。

　　近30年的發展顯示，南方國家依附於北方國家的情況愈趨
嚴重，並有恆久發展的趨勢。同時，南方國家接受國際貨幣基
金(IMF)或世界銀行信用貸款的結果，更在1980年代初期引起嚴
重的外債危機。類此長期持續依賴於財政援助的南方國家，就
得對其主要債權國家言聽計從。

　　當然，1980年代末期至1990年代初期，國際貿易的自由化，
使得許多低度開發國家正致力於尋求政治經濟實力的平衡，並

發揮其影響力,參與國際經濟決策體系,以調和其國內政策與南北互動關係。

　　另外,全球化與國際互賴的結果,不僅削弱國家經濟的自主性,同時面對著國際政治與政策合作範圍的擴大,許多國家的民主措施也正面臨限制或緊縮。赫德(D. Held)的研究顯示,由於國際互賴程度日深,外力滲透到國內情形日趨嚴重,各國政治均面臨五大困境:

1. 是否要大幅削減政府的政策遂行工具,以適應全球化趨勢?
2. 是否要降低政府對其國民的影響,使其適應跨國交流與互動擴張的趨勢?
3. 是否該透過國際合作,增加對傳統的國家責任履行的需求?
4. 是否該在國際互賴體系中,增加對正式性統合層級參與的壓力?
5. 面對雨後春筍般日益增加的國際組織、機構(institutions)及建制(regimes),政府應如何適應?[8]

　　上述問題顯然不是單一國家、單一政府所能個別解決,民主程序也並非是解決的唯一手段。當今國際威權體制的國家,雖然因為受全球化的衝擊,而產生一種是否要實行民主化

8　D. Held, "Democracy and the Global System", in Held(ed.), *Political Theory Today*(Cambridge: Polity Press, 1991), pp.196-235, here pp.207-208.

(democratization)的壓力,但若以為民主化即可解決威權體制所遺留的問題,則未必盡屬允當之論。

唯在以第三世界為主的國家中,也確實因為依附經濟形態關係,在西方工業化國家的驅使與支持下推動民主改革。問題是,民主的本質經常被假定在具備政治反對運動條件下成長,此一反對運動則大力主張尋求國家的自主性,當民主改革取得勝利,反對派獲取政權的合法性基礎,但伴隨而來的往往是愈需要依賴,進而使其提升國家自主性的主張反而受到更大的挫折。

此外,全球化與國際互賴也改變了國家外交與安全政策的風貌。根據蒙恩(Bruce Moon)的研究,通常對外經濟依賴形態的國家,其外交政策基本上是依附於經濟施惠國[9]。此尤其可自聯合國(UN)成員國的投票行為中一窺究竟。經濟依附美國的成員國,基本上只要與美國利益保持一致,這些受美國扶植的政治精英領導,即可與美國在外交與安全議題上達成共識[10]。

---

9 Bruce E. Moon, "Consensus or compliance? Foreign-policy change and external dependence", *International Organization*, Vol.39, No.2(Spring, 1985), pp.297-329.

10 同上。

第三章

全球治理、跨國行為者與國際組織

一、全球化分類

（一）經濟全球化

　　經濟全球化的核心概念，是藉由經濟空間面向的延伸，對國家空間的一種解構過程，其中包括貿易、投資行為、金融市場，以及多國籍企業的影響等。根據《2002年全球趨勢》（*Globale Trends 2002*）報告指出，在人類的貿易行為過程中，1920年代世界經濟即已呈現盤根錯節的情況，不過即使發展到今日，全球性的貿易流也未能完全成形。

　　例如，全世界大約僅有20%的貨物與服務業的流通，全世界大約僅有30%人口稱得上與世界經濟發展接軌，因此，區域化是構成全球化發展過程中的重要次級面向。又全世界大約有70%以

上的出口市場,是由經濟合作暨發展組織(OECD)的16個主要國家所獨占,新興工業化及若干開發中國家則僅占一小部分,南美或非洲地區國家甚至稱不上是出口國。

再者,就外來直接投資而言,全球投資資金流向主要也集中在經濟合作暨發展組織的少數國家,雖然近年來,許多開發中國家,其所占世界投資總額已約略超過1/3的規模,但仍然不及工業化國家。

而在對開發中國家的外來投資當中,有95%的金融集中在20個國家(包括中國大陸),其他大部分國家僅占5%的總額。其中非洲地區更僅占1.5%的外來投資。

就金融市場而言,由於世界貿易發展速度超過世界生產速度,因此,對於資金金融的移轉需求遠高於世界貿易流量。例如,全世界的計算機產業每日大約有2兆美元投入外匯市場,類似這種「賭場式的資本主義」已成為全球金融市場的一項特徵,其中跨國性多國籍企業(TNC)又在其中扮演極為重要的角色。這些被稱為「全球性玩家」(global player)的行為者,主要集中在美、德、法、英、日等五個國家,同時主宰著世界貿易總類的2/3。

根據聯合國1998年的統計,跨國性企業的貿易總額規模,高達5500億美元。例如,美國通用公司(General Motors)1999年的營業總額達1760億美元;克萊斯勒集團(Daimler Chrysler)達1500億美元;Itochu公司達1310億美元,幾乎超出了波蘭1998年的國內生產總值1580億美元、芬蘭的1230億美元,以及葡萄牙

的1030億美元[1]。

面對經濟全球化的趨勢，對於工業化國家而言，將其視爲一種機會，可以達到市場擴張效應，提供高科技產品銷售與增長的機會；但相對於此，對南半球開發中國家而言，則將其視之爲工業國家對其國內經濟與勞動市場的衝擊與威脅。

（二）文化與社會全球化

經濟全球化的結果，也帶來不同區域、不同國家間文化認同與生活形態的改變。

例如，麥當勞跨越國界，影響全球性的飲食文化；又大眾傳播媒介訊息傳遞工具的發達，增加了流通管道；產品的標準化，以及西方福利國家模式的吸引力，也逐漸形成一種世界共同成長的全球性意識。不過，若因此將此一趨勢視之爲全球性或世界化，則仍值得商榷。跨國文化的聚合是否是經濟與訊息傳播的結果，仍然是一種直線性的思維迷思。不過藉由全球化過程，的確可以產生一些共通性、普世性的價值觀，例如人權。

（三）生態全球化

特別指涉全球生態環境體系的惡化現象，需要全球性的關

1　Stiftung Entwicklung und Trieden, *Globale Trends 2000: Fakten, Analysen, Prognosen,* ed. by Ingomar Hauchler, Dirk Messner & Franz Nuscheler(Frankfurt a.m. 1999); J. Varwick, "Globalisierung", in Woyke(ed.), op. cit., pp.141-142.

注與解決。對此,「聯合國環境與發展會議」(United Nations Conference on Environment and Development,簡稱UNCED)1992年於里約熱內盧舉行的環境會議中,批准一項攸關二十一世紀全球社會、生態、經濟、環境問題等中、長程目標的「二十一世紀議程」(Agenda 21)文件,此一文件不僅揭櫫國家與國家間政策協調的重要性,同時也提出由國際組織、民間社團,以及經濟力介入參與的必要性。

　　從歷史觀點觀察,對於人類生態環境全球化問題的形成,可溯及1972年6月5至16日於斯德哥爾摩舉行的「聯合國人類環境會議」(United Nations Conference on Human Environment,簡稱UNCHE)。是項會議計有來自113個國家的政府代表與會,主要係為世界環境保護制訂準則,不過由於當時適逢國際政治東西對峙、南北衝突的冷戰體系,對於全球共同解決環境問題的合作認知尚有距離,南方貧窮國家不僅將此一問題視為昂貴的政治負擔工程,同時也認為西方工業化國家將藉此企圖影響南方國家的社會與經濟發展。

　　不過,即使如此,1972年的會議仍然通過「人類環境宣言」(Declaration for Human Environment),唯此一宣言對簽署國並不具任何約束力,但工業國家承諾提撥其國內生產總值的0.7%額度,用以改善地球環境的措施。此一宣言後來即形成「聯合國環境計畫」(United Nations Environment Programme,簡稱UNEP),內容涉及國際環境保護協調合作、促進並建立國際環境法規範,在生態考量的指導原則下,協助一般國家對國內環境立法與政策工作。聯合國環境計畫總部設於肯亞的奈洛比(Nairobi),

並陸續於1982年通過「世界環境憲章」（World Charter for Environment）、1985年通過「維也納臭氧層保護協定」，以及1987年的「蒙特利爾議定書」。不過，由於許多國家並未嚴格遵守相關協定規範，致其對日益惡化的環境生態，並未能產生積極的效果。

在北歐斯堪地那維亞半島國家的壓力下，聯合國環境計畫於1983年成立了由挪威總理布薩特蘭（Gro Harlem Brundtland）擔任主席的布薩特蘭（Brundtland）委員會後，委員會於1987年提出一項名為「我們共同的未來」（Our Common Future）的終結文件，正式提出「永續發展」（sustainable development）的核心概念，一則尊重並承認各國的生態比鄰關係，一則為下一代保護地球的資源、杜絕浪費。至此，永續發展已變成全球化的概念，不論是工業化國家或是開發中國家。

至於1992年聯合國環境與發展會議的里約地球高峰會議，不僅有108個國家元首與會，更有178個國家政府代表、國際組織（例如國際貨幣基金與世界銀行代表）、經濟性協會、跨國企業（TNC）、超過1400個非政府間國際組織（NGOs），以及超過7000名來自世界各地新聞媒體記者的採訪參與。事實上，其規模之大，已堪謂為「地球高峰會議」（Earth Summit）。

1992年聯合國環境與發展會議最重要的成就，是簽署「二十一世紀議程」等一系列的聲明文件。例如，「里約聲明」乃係不具約束性質、關於簽署國環境權利與義務的27項原則性協議；永續發展一詞正式載入聲明之中，並作為工業化國家解決全球環境問題的共同責任，而南方貧窮國家對於貧窮問題的克

服，也成為永續發展過程中不可或缺並亟須解決的問題。

不過，對於具約束力的「地球憲章」以及「森林憲章」，均因為各國的自利與利益衝突考量，未能完成簽署。但聯合國環境與發展會議仍然完成了「生物多樣性」及「氣候環境」兩項具約束力的公約（請參考圖3-1所示）。

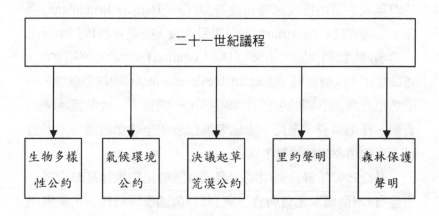

圖3-1　1992年聯合國環境與發展會議的重要文件

「二十一世紀議程」內容廣泛，計分40章，涉及120項不同性質計畫，主要可分成七大類，範疇分別是：

1. 地球生活品質。
2. 自然資源的有效利用。
3. 全球大氣層、海洋資源的保護。
4. 人類移居的管理。

5. 化學藥品與廢棄物管理。
6. 永續經濟增長。
7. 二十一世紀議程的實行。

在結構上主要有四大方向：
1. **社會與經濟面向**：如克服貧窮、人口成長、消費結構、衛生與移居政策等。
2. **資源的保存與管理**：如大氣層保護、生物保護、森林、海洋資源保護、廢棄物管理等。
3. **重要團體角色的加強**：如婦女、原住民族群、非政府間國際組織、協會、工會、私營經濟、學術、科技協會等。
4. **實行途徑可能性**：如財政機制、技術移轉、研究與教育訓練、國際合作機制等。

　　上述整體計畫預估每年須支出6250億美元，其中開發中國家占1250億美元。

　　緊接著，1992年的聯合國環境與發展會議，1993年在維也納召開世界人權會議、1994年在開羅召開國際人口與發展會議、1995年在哥本哈根舉行社會發展世界高峰會議、同年在北京舉行世界婦女高峰會議、1996年在伊斯坦堡舉行城市高峰會議、同年在羅馬舉行世界糧食會議，及至1997年6月聯合國大會在紐約召開特別會議，審議並評估二十一世紀議程的實施情形。

　　凡此，顯示全球性經濟、社會、環境等問題與危機的形成，

益發需要全球國際社會各個行為者(政府、政府間國際組織、非
政府間國際組織、跨國企業等)的共襄盛舉,尤其經過國際立法
的過程與法律規範的形成,逐漸發展出「全球治理」(global
governance)的觀念,透過全球治理規範建構新的世界秩序,並
依全球問題性質建立機構解決途徑,特別是愈來愈多非國家行
為者參與政策的制訂、決策的施壓等,亦將迫使國家釋放更多
的權力。

　　此外,在全球治理下,區域性的組織如歐盟、國際建制
(regime)如世界貿易組織,在某種程度上已超出一般國家的功
能,對於區域性或全球性問題的解決,具有實質的貢獻[2]。

(四)政治全球化

　　全球化議題觸及政治面向,主要係針對國家主權是否受到
侵蝕有關。亦即國家政治機器的決策權限與決策效應,是否能
夠持續維持單一化角色,或者權力的運用傾向於功能性的考
量,而不再是僅僅以領土等傳統主權概念,作為政策制訂與執
行的最高考量。

　　政治全球化的塑構主要來自兩個國際因素:一是國際間政治
合作形態正在改變,國際組織的超國家決策機制正在形成;二是
國際政治各式各樣跨國性問題,已非單一民族國家的角色即可解

───────────

2　Joerg Waldman, "Agenda 21-ein neuer Ansatz zur Loesung internationaler
　Probleme?" in W. Woyke(ed.), *Internationale Organisationen in der
　Reform*(Schwalbach: Wochenschau Verlag, 1999), pp.73-88.

決，例如國際安全政策、環境政策、金融政策等。

　　以目前全球193個國家而言，大約有60%的國家採取民主制度；國際法人格的政府間國際組織超過300個，非政府間國際組織則超過5,000個，同時全球有超過6萬個跨國企業集團。因此，德國著名政治學者Ernst-Otto Czempel曾將國際政治依據國際間協調精神分析，認為可以將之區分為「經濟性世界」、「社會性世界」及「國家性世界」[3]，主要的用意即是全球性問題的多元性與複雜性，作為一個國家，很難藉其單一力量加以解決，只有借助於國際合作。因此，全球化迫使一個國家必須融入全球化的經濟、社會與安全體制競爭環境。

　　以上的政治全球化現象，事實上是對1648年歐洲30年戰爭結束後，所建立的西發利亞和平體系(Peace of Westphalian System)的挑戰。基本上，西發利亞體系所建構的，是以國家及主權為主的國際秩序，國家成為行使主權與政策治理的主體。不過，隨著全球化國際環境的形成，西發利亞的治理體系已隨時空轉移成為歷史過渡的現象。

　　國家主權一般係以領土的完整性為其基本象徵，不過，全球化卻引入更多非領土要素進入一個國家的治理體系，削弱了國家主權的神聖不可侵犯性，這些要素包括：全球性產業集團、衛星遙感技術、生態、金融資本流通、證券市場發達、網路通訊電子資訊傳遞技術等等，均已跨越國家範疇，成為無國界疆

3　Ernst-Otto Czempel, *Weltpolitik im Umbruch. Das Internationale System nach dem Ende des Ost-West-Konfliktes*(Muenchen: C.H. Becks, 1993).

域(詳見圖3-2)。

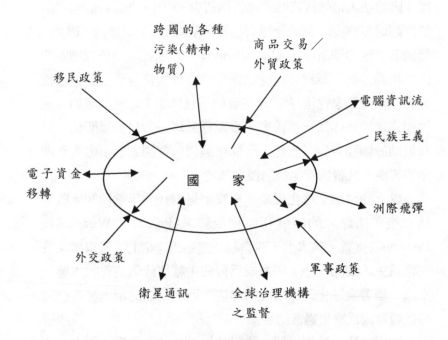

圖3-2　全球化世界中的國家角色

資料來源：Jan Aart Scholte, "The Globalization of World Politic", in John Baylis
　　　　 & Steve Smith(eds.), *The Globalizations of World Politics*(Oxford:
　　　　 Oxford University Press, 1999), pp.14-29, here, p.21.

註：1. ────▶◀──── 代表國家傳統主權角色的鞏固。
　　2. ◀────────▶ 代表全球化侵蝕國家傳統主權功能。
　　(官方例：世界銀行董事會、歐盟部長理事會、聯合國安全理事會等；
　　非官方例：各種技術專家協會)

史考特將之歸納為四個主要結論：
1. 資訊社會（information society）的形成，或稱為「後工業社會」或「知識社會」。
2. 後資本主義社會（post-capitalist society）的來臨，要求去中央化的管理。
3. 後現代主義（post-modernism）形成，帶來更多的不確定性、不安全性，以及可能面臨的社會失序。
4. 歷史終結論（the end of history）的影響。

此理論由日裔美籍學者福山（Francis Fukuyama）所提出，他認為在冷戰結束後，自由民主制度將成為全球治理的主要形式。

二、全球治理與國際組織

當今對全球化的研究課題，多半集中在以經濟面向為主軸的發展現象，並以市場機能的轉變為全球化蔓延的核心。不過，根據拉豐泰因（Oskar Lafontaine）及米勒（Christa Mueller）的研究指出，全球化成為人類社會的重要現象，主要與四大發展過程息息相關[4]：

4　Oskar Lafontaine & Christa Mueller, *Keine Angst vor der Globalisierung, Wohlstand und Arbeit Fuer alle*(Bonn, 1998); Reinhard Meyer, "Internationale Organisationen und global governance-eine Antwort auf die internationalen Herausforderungen am Ausgang des Jahrhunderts?" in W. Woyke(ed.), *Internationale Organisationen in der Reform*(Schwalbach:

1. 有關於文化歷史與文化社會學現象，由於受到現代傳播科技發達的影響，人類世界的時空距離無形中縮小，生活方式與消費行為逐漸形成西方所謂的「3M社會」〔瑪丹娜（Madonna）、麥當勞（McDonalds），以及米老鼠（Micky Mouse）〕，使得全球主義與分離主義的區隔，藉由全球文化認同的建立變得愈來愈模糊。
2. 政治經濟互動的頻繁，使得國際社會市場經濟的統合活動日趨增加，這中間包括貨物與服務業的實質流動，以及貨幣、資金與銀行金融市場的流通等。
3. 現代交通運輸電訊設備的發達，縮小了地球距離，打破了地理疆域的限制，也加速了電子媒介促進各國的互動關係。
4. 全球化發展間接地腐蝕了國家的主權。

面對全球化的趨勢，領土主權作為國際關係的秩序原則，將隨著世界政經版圖的轉變，產生另一類以功能性作為主要考量的治理形式，此一治理形式使得國內政策行為者亟望在政策結構上融入跨國性的思維，同時容許不同治理層級的國家或非國家行為者參與政策的形成過程。

在此一背景下，興起了一股對「全球治理」（global governance）理論與實踐的大辯論。其中受到關注的議題，包括國家與社會利益的調控、權力關係結構的失衡、國家已非單一行為者、社

Wochenschau Verlag, 1999), pp.20-26.

會行為者介入國家政策、多層級問題(地方—國家—區域—多邊
關係—全球性)的形成,以及多層級決策過程的產生等,許多情
況均顯示問題的解決已非一國獨力所可完成,必然要靠多個行
為者的共同合作始能克服。

　　對此,近十餘年政治學界提出,國家及非國家行為者以組
織結構化的合作形態,因應全球化的挑戰。所謂組織結構化,
其要點包括以下三項:

1. 建立超國家組織,並賦予治理權限以及決策實權,其建
   立的精神可以是聯邦主義、功能主義或是新功能主義。

2. 透過國家與社會行為者,參與國際關係活動的各種正式
   或非正式的建制組織,所建立的原則、規範、規則、協
   議決策程序或模式等,解決彼此衝突或互賴的問題;主
   要目的在於減少跨國行動成本,將衝突管理與解決訴諸
   機構化協議的處理方式,並藉此建立成員彼此的未來互
   信關係。對此,梅耶斯(R. Meyers)將之定義為「沒有政
   府的治理」(governance without government),亦即「在
   一個組織機構化的內部,所有參與成員在形式上平等的
   基礎之上,以合作的方式,針對衝突與互賴的問題,進
   行集體決策與採取集體行動」[5]。

3. 跨國性公私部門夥伴關係的建立,其彼此之間對問題有
   共同的認知與聯屬,可以共同參與決策的產生,並共同

5　Reinhard Meyers, op. cit., p.25; V. Rittberger, *Internationale Organisationen
　-Politik und Geschichte*(Opladen: Leske+Buderich, 1994), p.85.

執行決策。

　　綜上所述可以得知，政府間國際組織、非政府間國際組織、跨國集團或非營利組織（NPOs），可以視為全球化陷阱下「全球治理」概念實踐的一條途徑。

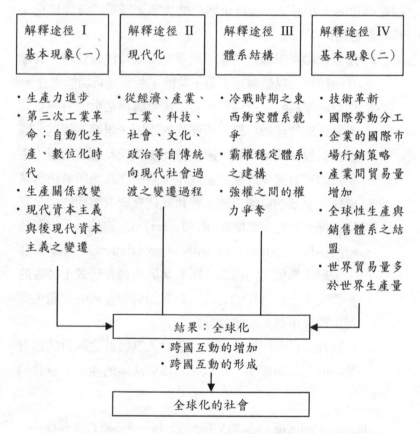

圖3-3　全球化的概念輪廓及特徵

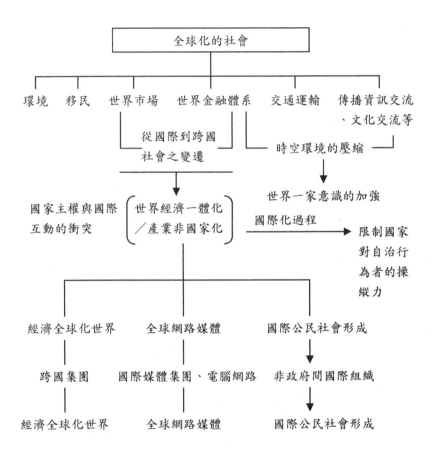

圖3-3　全球化的概念輪廓及特徵（續）

資料來源：Meyer, op. cit., p.22.

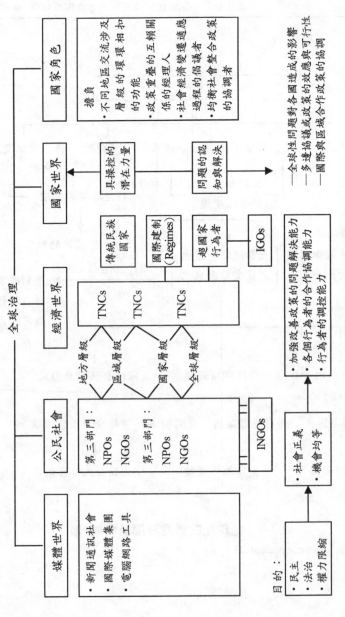

圖3-4　全球治理輪廓與概念框架

資料來源：Meyer, op. cit., p.24.

此外，英國學者史考特將全球化下的全球治理視爲「後主權治理」(post-sovereign governance)。強調在傳統國家主權仍然是治理的核心體系之外，也不否認在世界治理(world governance)體系形塑過程中，全球化要素的影響力與角色。史考特進一步將「後主權治理」細分爲以下三個類疇：

（一）次國家全球治理(substate global governance)

愈來愈多國家的地方政府或區域治理單元，在許多的政策制訂方面具有實質的參與權。例如，加拿大各省或美國各州在海外設置代表，或類似外交使節團的單位，並獨立於其國家的駐外使館之外；又如歐洲地區自1970年代以來，在17個歐洲國家的50多個地方政府，透過「歐洲區域大會」(Assembly of European Regions)或歐盟的「區域委員會」(committee of the Regions)的管道，獨立於其成員國的中央政府直接與各國接觸；其他諸如城市階層的治理體系，也在「跨主權政策」(trans-sovereign policies)的範疇內，例如污染控制、罪犯防治等，展現其治理能力。

（二）超國家全球治理(suprastate global governance)

主要是由政府間規範性的架構受全球化影響，逐步擴大規模，最明顯的發展過程，是自二次大戰結束，迄於後冷戰時期，全球方興未艾的區域統合運動，從加勒比海到東南亞地區，從歐洲到北美地區等，許多區域性組織均建立「超國家規範性治理架構」，例如歐盟的立法措施就已超過2萬個；又如在總體經濟政策與財政金融方面，如經濟合作暨發展組織、國際貨幣基

金、世界銀行,以及世界貿易組織等,均建立其具影響力的準
則或規則;又如在危機衝突管理方面的超國家治理機制,如聯
合國、非洲團結組織(OAU),以及歐洲安全暨合作組織(OSCE)
等均屬之。

(三)市場化的全球治理(marketized global governance)

　　主要是由私部門主導所建立的規範體系,例如在全球的金
融市場方面,1961年所建立的「國際證券交易所」(International
Federation of Stock Exchanges),或1969年的「國際金融證券市
場協會」(International Securities Market Association),或1984年
成立半官方性質的「國際金融證券委員會組織」(Internaional
Organization of Securities Commissions);在國際債券評估機構方
面,如穆迪投資服務(Moody's Investors)以及標準普爾(Standard
& Poor's)在國際信貸市場上,充分發揮了其規範的角色與功
能;再如1971年建立的「世界經濟論壇」(World Economic
Forum,簡稱WEF)匯集了超過900家主要全球性企業,作為全球
公共利益的企業聯合,世界經濟論壇致力於調解區域國家間的
衝突,例如以阿爭端,也在世界貿易組織建立過程中的烏拉圭
回合貿易談判中發揮作用。

　　另外在基金會方面,如福特基金會(Ford Foundations)自
1960年以來,即在國際性開發援助方面發揮極大影響力;又如
索羅斯基金會(Soros Foundations),則主要在於協助前蘇聯集團
國家進行市場自由化的改革;再如1991年所建立的「世界企業
會議」(World Business Council),旨在對全球環境管理的永續發

展做出貢獻。據此，所謂的全球治理體系的實踐，已絕非僅限
於公部門一途[6]。

　　除了上述全球治理類型之外，所謂「非官方」(non-offical)
以及「非營利」(non-profit)的第三部門，所帶動的全球性社會
運動(global social movements)，其影響力也不可忽視，例如愛滋
病的防治(Acquired immunodeficiency syndrome，簡稱AIDS)、
新時代婦女發展運動(Development Alternatives with Women for
a New Era，簡稱DAWN)等。

三、跨國性行為者、國際組織與全球化

　　傳統國際法認為，只有國家才是國際關係的主要甚至是唯
一行為者。不過，隨著全球化所帶動全球政經的結構變遷，非
政府間國際組織及非國家行為者(non-state actors)也迅速成為全
球化現象推動的主要力量。

　　傳統上，全球僅有不到200個國家的政府是政府間國際組織
的主體，但全球性的主要跨國企業即超過3萬8500個，例如殼牌
石油(Shell)集團、巴克萊銀行(Barclays Bank)、可口可樂、福特
汽車集團(Ford)、微軟(Microsoft)，或雀巢集團(Nestle)等，在
全球的子企業更高達25萬家，又以單一國家為主的非政府間國
際組織則超過1萬個，例如美國的Freedom House、法國的

6　Jan Aart Scholte, "The Globalization of World Politics", in Baylis &
　　Smith(eds.), op. cit., pp.23-24.

Medecins、英國的Population Concern及Water Aid，以及美國的
峰巒俱樂部(Sierra Club)等，在國際社會均具有相當的影響力；
另外，尚有超過4,700個國際性的非政府間國際組織，例如國際
特赦組織(Amnesty International，簡稱AI)、世界浸信聯盟(Baptist
World Alliance)、國際航運會議(International Chamber of
Shipping)，以及國際紅十字會(Red Cross)等。

　　以上兩種國際活動的參與者，反映出兩大國際關係理論派
別的特色。一類是現實主義(realism)理論，以國家中心論
(state-centric)為核心，在此，所有非國家行為者僅能位居次要角
色；一類是多元主義(pluralism)理論，以目的開放論(open-ended)
為核心，認為所有的行為者，均可能對政治結果產生影響。若單
就字面上意義而言，所謂「非國家行為者」即表示國家具支配
性角色，其他行為者的角色功能均不如國家。不過，政府間國
際組織究竟代表國家間(interstate)或非國家組織(non-state
organizations)，則仍有疑問。因此，有學者以跨國性行為者
(transnational actors)字眼，取代非國家行為者，成為一個更具包
容性的詞彙，因為它可以包含任何一個私部門[7]。

　　換言之，傳統的現實主義以追求國家權力(power)為中心，
並認為國際組織在世界舞台上，均無法取代國家支配性的角
色，代表性人物為摩根索(Hans Morgenthau)；即便是1970年代
發展出的新現實主義，仍然認為國家的權力乃是政治行為的最

7　Peter Willetts, "Transnational Actors and International Organizations in
　　Global Politics", in Baylis & Smith(eds.), op.cit., pp.287-308.

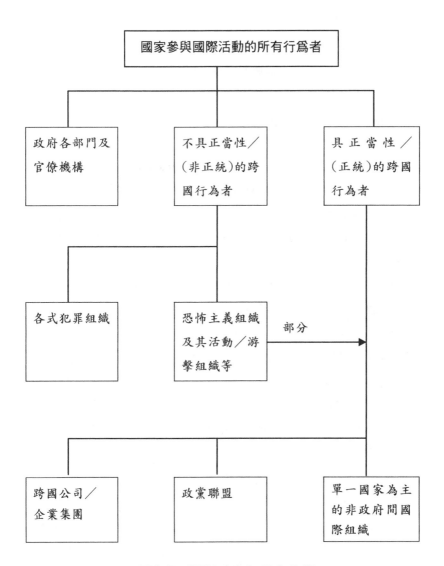

圖3-5　國際社會行為者分類

後決定者，不過，卻也同時承認國家已絕非國際活動的唯一行
為者，非國家行為者的跨國性活動日趨明顯。雖然如此，對此
一學派而言，國家中心論仍然是國際社會的中心，代表性人物
為華爾滋(Kenneth N. Waltz)。

　　對此，政治學者柯恩(R. O. Keohane)及奈伊(J. Nye)在1971
年發表一篇〈跨國關係與世界政治〉(Transnational Relations and
World Politics)論文，文中闡述了民族國家已非當今國際政治舞
台唯一及最具影響力的行為者；1977年兩人又發表了〈權力與
互賴〉(Power and Interdependence)一文，提出多元互賴觀點，
認為社會多元的行為參與者，已與國家及跨國家間產生密切互
動的聯繫，同時，以軍事安全作為國家間關係之最高議題的考
量也已轉變，兩人的結論皆說明了非國家行為者已成為一個國
家「內政與外交關係的正式成分」。

　　1981年，曼斯巴哈(Mansbach)與華斯奎(Vasquez)兩人在《理
論的探索：全球政治的新典範》(*In Search of Theory: A New
Paradigm for Global Politics*)一書中，也抱持類似的觀點。

　　及至1990年代，羅森奧(J. N. Rosenau)依據楊格(Oran
Youngs)所發展的「混合行為者模式」(mixed actor model)，認
為在後冷戰時期，「國家中心論」以及「多元中心論」(Multi-centric
system)已並存於國際體系。

　　在此，國家被視為「捍衛主權之行為者」(sovereignty-bound
actors)；至於非國家行為者，諸如多國籍企業、政府次級體系、
族群團體，或國際組織等，則被視為是「主權自由之行為者」

（sovereignty-free actors）[8]。

表3-1　國家中心論與多元中心論的世界體系比較

指標	以國家為中心之世界體系	以多元中心為世界體系
基本行為者的數量	全世界193個國家／政府	數以千計的跨國行為者
行為者的主要障礙	國家安全	自治權要求
行為者的原始目的	主權完整性的維護	世界市場占有率的提高；次級體系的統合
遂行目的的最後手段	軍事手段	拒絕合作
規範或政策的優先性	主權與法治間的維護	人權、正義與福利的促進
合作的形式	正式結盟	期限性的聯合
議程設定的範圍	受限制	不受限制
行為者互動的規則	外交慣例	特定目的的規範
行為者之間的權力分配	依權力規模大小，呈現階層式權力結構	相對較為平等
行為者之間的互動形式	是對稱形態、權力平衡	呈不對稱／多樣形態
領導體系	大國或強國占多數資源	依賴有創新動力的行為者
改變現狀的期望值	較低	較高
決策結構的基礎	法律賦予正式權力	以促進效率領導為主，權力來源形式不一

資料來源：Florian T. Furtak, *Nichtstaatliche Akteure in den internationalen Beziehungen: NGOs in der Weltpolitik*(Muenchen: tudur, 1997), pp.17-18.

8　James N. Rosenau, *Turbulance in World Politics. A Theory of Change and Continuity*(Princeton, N. J.: Princeton University Press, 1990).

　　一般習稱之非國家行為者，在國際關係範疇中，可將之區分為非國家間或跨國性組織（NGOs），以及經濟性的跨國企業（TNCs），相關的用語尚包括「跨國社會運動組織」（Transnational Social Movement Organizations，簡稱TSMOs）、「私部門自願性組織」（Private Voluntary Organizations，簡稱PVOs）、「基層（草根）組織」（Grass-Root Organizations，簡稱GROs）、「自助性組織」（Self-Help Organizations，簡稱SHOs），或者稱為第三部門（third sector）或「志願性部門」（voluntary sector）等[9]。

　　根據托伊柏（Guenter Max Teubel）的分類，依非政府間國際組織的活動性質、種類、目的、財務資金結構，及其專業性程度的指標，同時以「非國家」作為主要的區隔標準，非政府間國際組織大體上可分成三大類來加以說明：

1. 純非政府組織（Genuine NGO/GINGO）：此類組織不涉及任何公部門，完全由私部門領域人士所組織。其資金財務100%來自其成員會費及捐贈。例如國際特赦組織即屬此類。

2. 準非政府組織（Quasi NGO/QUANGO）：其成員除了私部門外，尚有政府代表的參與。其財務大部分來自於公部門的資助。國際紅十字會及國際自然保育聯盟（International

9 L. Gordenker & Thomas G. Weiss, "Pluralizing Global Governance: An Analytical Approaches and Dimensions", in T. G. Weiss/L. Gordenker (eds.), *NGOs, the UN & Global Governace*(Boulder. Col.: Lynne Rienner, 1996), p.18.

Union for the Conservation of Nature，簡稱IUCN)即屬此類。

3. 由政府組織的非政府組織(government organized non-governmental organization，簡稱GONGO)，主要係由國家或政府提供資源，由公部門主導介入組成。過去冷戰時期內，美、蘇所主導介入的組織，以及當今各國政府所推動對開發中國家援助的機制等均屬之。此類型基本上均以私法人名義運作，實際上完全受國家機器的控制，嚴格言之，並非屬於非政府間國際組織的範疇[10]（請參見圖3-6）。

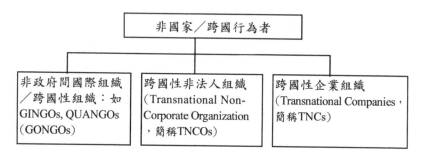

圖3-6　非國家／跨國行為者分類圖

10　Guenter Max Teuber, *Management Probleme Afrikanischer "Non-governmental organization"(NGOs): eine Analyse aus entwicklungs politischer Sicht, Basierend auf Fallbeispielen aus den anglophonen Entwicklungslaendern des suedlichen Afrika*(Frankfurt a.m.: Peter Lang, 1993), p.8.

　　不過，無論從哪一個角度觀察非政府間國際組織，非政府間國際組織可謂爲是一種「社會或民間力量的正式與跨國性運作的結合。此一結合不以經濟利益（營利）爲目的，不考慮國家間的外交準則，卻嘗試對國家行爲者（例如國家政府或政府間國際組織）產生影響力」。

　　從非政府間國際組織發展的歷史來看，十九世紀初期歐美地區的公民自願性的結社行爲可稱之爲濫觴，其結合之目的，乃係爲了填補政府無力或無法處理的問題真空，或對政府施加壓力，藉以解決問題。及至十九世紀下半葉，非政府間國際組織即開始大量興起，不過主要是宗教性、人道與社會性的結盟，例如1846年的世界基督聯盟、1855年的基督教青年會（YMCA）世界聯盟、1865年的基督教救世軍（Heilsarmee），以及1863年的國際紅十字會等。

　　當然，隨著人類科技與全球性問題的形成，也發展出以解決問題爲主要功能的非政府間國際組織，例如生態方面的綠色和平組織、世界野生動物基金（World Wide Fund of Nature，簡稱WWF）、地球友好組織（Friends of the Earth）；人道方面的國際特赦組織、國際紅十字會、人權觀察組織（Human Right Watch）；和平促進方面的醫師無國界組織等。

　　面對非政府間國際組織的興起與發展，第二次世界大戰後，聯合國憲章第71條即賦予非政府間國際組織，在經濟暨社會理事會（ECOSOC）具有諮詢與協調的地位。根據聯合國的定義，非政府間國際組織應該具備以下六要件：

　　1. 它必須是要支持聯合國的目標與活動，不過，像反墮胎

團體(anti-abortion groups)卻是一個例外。

2. 它必須具備代表性的機構,設置總部、有正式行政運作人員、同時以民主的方式進行決策;不過,像綠色和平組織(Greenpeace International)即是一個例外。

3. 它必須是一個「非營利機構」(non profit-making body),不過,像個別公司或企業不太可能獲得正式的協商地位,但聯合國也不能排除這些企業的角色;又國際貿易工會同盟(International Trade Federations)也無礙於其成為一個非政府間國際組織。

4. 它不能使用或提倡暴力,若干國家的游擊隊組織或團體(guerrilla groups),被承認是為了國家自由解放運動而成立,但類此並不適合與非政府間國際組織畫上等號。

5. 它必須尊重「不得干涉國家內政」的規範,此即表示一個非政府國際組織不得成為一個政黨。

6. 一個國際性的非政府國際組織,不得藉由政府間的協定而成立,此即表示政府不成為一個非政府國際組織的成員[11]。

非政府間國際組織的實際運作受到最多的批評,是它缺乏一個民主監督的機制,同時,非政府間國際組織的代表也並非是由其國家公民所選舉產生,因此缺乏代表性與正當性,對此

---

11 P. Willetts, "Transnational Actors and International Organizations in Global Politics", in Baylis & Smith(eds.), op, cit., pp.299-301.

將可能耗弱非政府間國際組織的功能。不過,許多衡量非政府間國際組織工作成效的標準,並非來自於該組織設立的宗旨目標,或是其解決問題的能力,而主要決定於其人事規模大小與資源多寡。不過,類此非政府間國際組織僅占少數。例如國際綠色和平組織大約有450萬名個別與贊助會員,在全球的31個國家設置41個工作據點;又如國際特赦組織則包含超過150個國家個別與贊助會員的參與,在全球超過94個國家,設置8,000個工作小組;國際紅十字會則有超過固定675個工作人員,超過154個國家設立分會及工作人員,同時在全球80個戰爭與衝突地區大約有5,368個地區性工作人員。尤其是個人會員高達3億5000萬,遍布全世界各地。

一般非政府間國際組織的財務預算來源,主要是成員會費及捐贈,以國際紅十字會為例,其在2000年的預算規模高達10億8000萬瑞士法郎,其中1億4450萬瑞士法郎係作為總部行政研究發展,與實施人道法律的支出,占總預算規模的23.7%;另有55.4%的預算提供各種人道醫療的急難救助,其中僅僅非洲地區即占40.2%。當然,許多知名的非政府間國際組織常藉著媒體,或舉辦各種慈善義演,或與大企業合作的方式募捐經費,便於推動組織工作。

為了使非政府間國際組織的工作具有成效,並獲致最大的影響力,非政府間國際組織最常使用的,即是遊說工作的推行。其遊說的對象,泰半是具有政策決定的機構或個人,例如政府、官僚體系、行政體系、經濟決策機構等,也可以是針對外國政府代表、國際組織官員,以及對特定政策具決定權的個人。而

非政府間國際組織通常也會利用其成員的影響力，塑造其公共形象、營造有利其發展的「環境」。

魏烈特(P. Willetts)曾提出非政府間國際組織運作的成效良窳決定於三個重要因素：

1. 組織的成員與組織之間具高度緊密認同感，並隨時樂於為組織工作。

2. 組織的領導階層具有高度專業性，並清楚如何快速掌握資訊，以及提供資訊給其成員。

3. 組織不應塑造官僚體系，如此方可能對若干重要事件或危機，產生快速反應及處理，其彈性亦將較政府為大。

簡言之，魏烈特的觀點主要在強調非政府間國際組織的認同度、專業性以及工作效率三項[12]。此外，克拉克(J. Clark)則對此補充彈性、創新及成本效率三項要素，並強調一個非政府間國際組織應該具備知識性、經濟性及技術性的know-how，始能產生效能[13]。

默德及拉曼(R. B. Mohd & J. G. Laarman)更進一步將非政府間國際組織發揮影響力的途徑，區分為「內部戰術」(inside

---

12　Peter Willetts, "The Impact of Promotional Pressure Groups on Global Politics", in Willetts(ed.) *Pressure Groups in the Global System. The Transnational Relations of Issue-Orientated Non-government Organization*(London: Pinter, 1982), pp.1-27.

13　John Clark, *Democratising Development: The Role of Voluntary Organizations*(London: Pinter, 1991), p.15.

tactics)及「外部戰術」(outside tactics)。前項是「傳統遊說」
(conventional lobbying),主要是針對決策機構或人士進行遊
說;後者則是對「贊助者的遊說」(constituency lobbying)(其具
體內容請參考表3-2)。

表3-2　非政府間國際組織的遊說對象與手段

內部戰術:以決策機構為對象	外部戰術:以訴諸公意為方式
・國會及行政官僚體系	・媒體及公關工作
・訴諸法律訴訟程序	・組織會議
・聽證或公聽會	・推出候選人競選公職
・研究成果的執行績效與展示	・抗議或示威運動
・與政府官員接觸	・以信件或電訊方式傳播
・提出法律立法草案	・組織聯合行動
・宣示立場	・草根性遊說
	・設立發言人機制

資料來源:Rusli Bin Mohd & Jan G. Laarman, "Rainforest Policies and United
　　　　States NGOs: Targets and Tactics of Influence", in *Environmental
　　　　Conservation*, Vol.21, No.4(1994), pp.320-325, here p.321.

第四章
國際組織的形成、發展、體系與運作

一、國際組織的歷史發展、背景、理論與範疇

　　國際組織並非自然天成、與生俱來的產物，它第一次出現在人類舞台上是在十九世紀。自此，國際組織已逐漸演變成國際關係學科中，具獨立性格的一個學群，也成為國家遂行政府意志與政策目標的一項工具。此一新發展超越國家疆域限制，其所受關切與矚目的程度，甚至超越一般傳統的單一國家。

　　隨著國際組織的成長，國際政治的發展過程、內涵，乃至於結果，均隨之產生新的變化，而對於國際組織形成的目標、任務、功能、組織結構及其效能的討論與研究，已然形成一股風潮。

　　國際組織的存在與重要性，已排除國際事務的參與、解決，

必須由國家角色單獨承擔的可能。因此,國際組織已無法單純視之為傳統國家間外交行為的新機制,也無法僅作為區域或全球的超國家形成的漸進過程。基本上,國際組織已然變成國家間建構一種決策網絡體系,就其彼此間有爭議或無爭議的議題,透過集體運作方式,加以解決的合成體。

國際組織所涉及的國際關係議題十分廣泛,從裁軍政策到關稅政策,從次區域、區域到全球性不等,研究的學科包括政治學領域的國際關係、法學領域的國際法、經濟學領域的國際經濟關係,乃至於史學領域的近現代史等。

一般追溯國際組織的發展,起自1865年的國際電報同盟(International Telegraphic Union,簡稱ITU),及1874年的萬國郵政同盟(Universal Postal Union,簡稱UPU),但真正的國際組織起始於1919年一次大戰結束後,在凡爾賽和平會議(Versailles Peace Conference)簽訂和平條約。凡爾賽會議基本上是一個由與會各國與政府元首、外交部長及其顧問所組成,主要是處理一次大戰後的國際和平與安全秩序,對於經濟與社會議題則僅作為陪襯。自此,政府間國際組織(IGOs)即開始活躍於國際政治舞台。

也許有人要問:十九世紀以前的國際社會為何無法發展「國家間組織」(interstate organizations)?最簡單的答案應該是:歐洲當時尚未建構一個相對穩定的主權國家體系。1648年歐洲30年戰爭結束,簽訂了西發利亞和平條約(Peace of Westphalia),改造了中古世紀後期的歐洲秩序,一統的基督教歐洲文明成為主流思潮。西發利亞條約及1713年的烏得勒支條約(Treaty of

Utrecht)成為發展歐洲主權國家體系的重要里程碑，此一體系隨後也瀰漫於歐洲以外的國家。主權國家體系的特徵，有明確的地理疆域(領土)、人民、不受干預獨立自主的政府形態，以及在主權平等(sovereign equality)的法律基礎上，與其他國家發展關係。西發利亞條約精神更顯示出，國家政府乃國際社會秩序穩定與否的基礎[1]。

　　至於十八世紀以主權國家體系為主的國際社會，各國政府為何未能建立國際組織的網絡體系？針對此一問題，克勞德(Inis Claude)的研究指出，若要建構國際組織，基本上應該滿足四項先決條件：

1. 國家的存在應發揮其作為獨立政治單位的功能。
2. 此一政治單位的各國次級單位，必須具備實質的聯繫機制。
3. 由國家共存、共處所引起問題的共同認知。
4. 這些國家都認為「建立一套機構的運作程序，以及採取制度性的措施，用以規範其彼此關係」有其需求。

　　明顯的，在十九世紀以前的國際社會只存在第一個先決條件[2]。除了歐洲社會之外，中國自西元前1100年西周時期的封建

1　R. A. Falk, "The Interplay of Westphalia and Charter Conceptions of International Legal Order?" in C. E. Black & R. A. Falk(eds.), *The Future of the International Legal Order*(Princeton, N. J.: Princeton University Press), pp.68-69.

2　I. L. Claude, *Swords into Plowshares*(London: University of London

制度,到十七世紀滿清帝國制度,及至1912年孫中山先生革命的共和制度;乃至於回教世界鄂圖曼帝國,均與戰爭、貿易結盟有關,但均未見其發展出恆常的國際組織建制。

十九世紀的維也納會議(Vienna Congress, 1814-1815),不僅建立外交關係的準則,而且歐洲各國均接受維持和平關係規範的建立,此一發展對治理國家間的外交關係至為重要,因為藉由國際體系建立的規則,可以被個別國家所遵守。

維也納會議之後,歐洲因為戰爭所召開的各項會議,均對國際組織的發展具有歷史意義。例如,1856年克里米亞戰爭(Crimean War)結束後的巴黎和平會議、1864年什列斯威─霍爾斯坦戰爭(Schleswig-Holstein War)結束後的維也納會議、1866年七星期戰爭(Seven Weeks War)的布拉格會議,以及1871年普法戰爭(Franco-Prussian War)後的法蘭克福會議、1878年俄土戰爭(Russo-Turkish War)後的柏林會議;1844至1885年同意非洲版圖畫分的柏林會議,乃至於1906年為減輕北非地區反抗勢力要求的阿爾赫西拉斯(Algeciras)會議等。

又諾特格(F. S. Northedge)曾將歐洲體系的國際化發展,區分成幾個階段,分別是:1783年巴黎條約中賦予美國國際承認;1823年英國外相甘寧(George Canning)對新興拉丁美洲國家給予承認;1856年巴黎條約將鄂圖曼帝國及羅馬尼亞劃入歐洲政治舞台;1853年日本結束鎖國政策,進入世界體系;十九世紀

Press, 1964), p.17; 轉自 Clive Archer, *International Organizations* (London & New York: Routledge, 2001), 3rd Edition, pp.3-4.

鴉片戰爭結束後，英國迫使中國簽訂一系列不平等條約等，均是歐洲體系國際化的結果。此後，在1898年所召開的世界裁軍會議中，有27個國家與會，除歐洲國家外，中國、日本、墨西哥、暹羅(Siam，即今日的泰國)，以及美國等，均派代表與會。1907年的第二屆海牙會議，更有44個國家參與，其中包含18個拉丁美洲國家。

　十九世紀以歐洲為中心的國際關係，雖是以調控和平與衝突議題為主，但對於十八世紀工業革命後所帶來產業與技術的發展，在社會經濟等事務上，也面臨國際的協調需求。像是帆船被蒸汽輪船取代，公共馬車被鐵路火車所取代，1837年發明了電報，1850年英、法兩國成功研發海底電纜。由於交通、運輸、電訊的便捷，使得各國政府的互動往來更形密切，有更多機會磋商、協調及合作。商業行為也逐漸國際化，1804年的歐特伊公約(Convention of Octroi)為萊因河建立了一套國際管理的超國家行政的船舶航行制度，1821年歐洲成立了易北河國際委員會，1856年成立了多瑙河歐洲管理委員會(European Danaube Commission)，1868年國際電信局(International Telegraphic Bureau，即後來的國際電信同盟)，以及1874年的萬國郵政同盟(General Postal Union，即後來的Universal Postal Union)等，都是社會與經濟需求下國際合作的產物。

　其他如1875年的國際度量衡總局(The International Bureau of Weights and Measures)，1980年國際關稅稅目出版同盟(The International Union for the Publication of Customs Tariffs)，乃至1881年哈瓦那(Havana)及1901年在維也納所建立的國際衛生署

等，均屬跨國界的政府間國際協調機制。與此同時，民間私部門的國際協會也在同步滋長。人道的、宗教的、經濟的、教育的、科學的等，均透過國際間會議參與協調。1840年的世界反奴役公約(the World Anti-Slavery Convention)，可謂是第一個案例。

根據統計，在1870至1874年間，計有7個政府間國際組織，至1909年為止，已達37個；另外，非政府間國際組織在1909年已達176個[3]。值得注意的是，隨著民間部門組織的增加，其亦逐漸發展出常設機構，組織目標亦非僅僅單純代表該組織參與成員的利益，也同時需要兼及其所代表國家或地區的利益。為此，1910年成立了國際協會同盟(The Union of International Associations)。同時，許多組織的成員也並非單純的民間團體參與，還混合了政府單位代表，例如國際統計研究機構(International Statistical Institute)，以及國際科學聯盟會議(International Council of Scientific Unions)[4]。

不過，一次大戰結束後，美國總統威爾遜(Woodrow Wilson)雖然在凡爾賽和平會議中，主導成立國際聯盟(League of Nations)，但整個構想仍然是以英、美及南非國家為核心。這個聯盟組成的歷史背景，不僅立基過去數百年的人類衝突經驗，

3　*Yearbook of International Organizations*(Brussels: Union of International Associations, 1974), 15th edn.; C. Archer, op. cit., pp.11-12.

4　D. W. Bowett, *The Law of International Institutions*(London: Stevens & Sons, 1970), 2nd. edn., pp.4-5.

同時也是大戰經驗後的省思。其成立的宗旨，便是促成國際間的合作、和平與安全，為達此目的，參與的成員均必須開放透明、有法律依據、符合正義，同時追求和平。

國際聯盟在1920年代對國際外交活動，提供了適當的交涉場域。該聯盟設有定期年度會議，使所有成員國代表得以討論危及和平與安全、裁軍等議題。所設置的理事會（Council）機構，積極有效地調停1920年芬蘭與瑞典之間的Aaland群島爭端，解決土耳其與伊拉克之間的Mosur爭端，同時也在1925年成功地降低希臘與保加利亞的衝突。

伴隨其存在也帶來正面的國際合作效應，例如1925年羅加諾公約（the Locarno Treaty）確定法國、比利時及德國的疆界，同時同意德國在1926年加入聯盟；1928年的凱洛格—白里安公約（Kellogg-Brian Pact）也促使聯盟的成員國與非成員國，考量放棄以戰爭作為遂行國家政策的工具。此外，1920年代末期，包含美國與蘇聯在內的裁軍預備會議（Preparatory Commission for Disarmament），也已展開工作。至於在國際社會與經濟議題方面，也在跨國的基礎上，由聯盟大會於1939年通過布魯斯報告（the Bruce Report），成立「經濟暨社會問題中央委員會」（Central Committee for Economic and Social Questions）處理。

上述有關描述國際組織的歷史發展，與國際環境與情勢變遷的過程，基本上反映了研究國際組織所必須處理的三個基本問題：

1. 為什麼要建立國際組織？國際組織的建立，是否意味國際關係的本質結構已產生基本變化？

2. 國際組織的存在，對於個別國家參與集體的、跨（多）國的決策過程與可能性造成哪些影響？

3. 國際組織所處理的議題範疇是否存在差異性？在哪些議題國際組織獲致專業工作成效？對國際組織本身又產生哪些效應？

對於這些問題答案的探索，仍然必須協同二次世界大戰後的國際政經版圖的重整一起觀察。如前所述，雖然國際聯盟戮力於協調國際秩序，但終究無法避免發生二次世界大戰。二次大戰的爆發，打破了1919年以來的國際規範，國際聯盟及國際勞工組織僅能在日內瓦苟延殘喘，極少數的科技與人道組織，尤其是國際紅十字會則僅能依靠中立國及其人民繼續運作。戰爭間的國際協調合作經驗，在政治上催生了聯合國，在經濟上也因為1944至1946年布雷敦森林體系談判成功，導致戰後建立了無以數計的經濟性組織。

聯合國與國際聯盟雖都因為戰爭因素而成立，但其間仍存在甚大歧異。國際聯盟基本上係由戰爭勝利者，尤其是法國總理克里蒙梭（Georges Clemencean）、英國首相喬治（Lloyd George），以及美國總統威爾遜，根據其顧問在戰爭期間所草擬一系列的草案，以結束戰爭及建立和平作為決策主軸。其建立更多是累積十九世紀以來戰爭與和平會議的經驗，所產生的機構化的結果。相較於此，聯合國則更慎重地處理及因應未來世界秩序需求。

經由1944年的中、美、英、蘇四國的頓巴敦橡園（Dumbarton

Oaks)會議，以及1945年2月的雅爾達會議，初步確定了聯合國的基本組織結構。同時，1945年6月26日在美國舊金山簽署了聯合國憲章草案(United Nations Charter)，此時距遠東地區大戰結束尚有六周的時間。

聯合國憲章與國際聯盟憲章一樣，均在反映環境變遷需求，並建構其維繫和平與安全的圖像。但聯合國憲章獲得主要勝利國家的簽署與批准，同時聯合國憲章第46、47條建立軍事專家委員會(Military Staff Committee)，以及一系列解決爭端維繫和平的工具，例如，憲章第6章的太平洋爭端解決，第7章對危及和平、破壞和平採取攻擊行動的法案，以及第8章建立了區域架構秩序的安排(regional arrangements)等。更具意義的是，聯合國組織的結構化，例如建立理事會(Council)、大會(Assembly)、法院(Court)，以及秘書處等，對於大戰結束後國際組織的形成與發展，產生重要的影響。

二次戰後的國際政治版圖產生劇烈變化，全球的數目與種類均有增加。1945年的聯合國憲章已經有51個國家政府代表簽署，到1955年為止增加到76個，1960年代末期為100個，1982年聯合國成員則達157個，到2002年為止，聯合國的成員國數目共計有192個。由於國家數目的急遽增加，也直接形成國際組織數目的大量增加。

根據《國際組織年鑑》(*Yearbook of International Organization*)的統計，政府間國際組織(IGOs)從1909年的37個，增加到1986年的369個，非政府間國際組織(NGOs)則自1909年的176個，增加到1986年的4,649個；不過，1980年代末期及1990年代初期，

由於各國財政支出擴張迅速，各國均面臨財政壓力，因此，國際組織的成長趨緩，且有降低的趨勢。政府間國際組織自1986年後即呈下降曲線，以1996年為例，全球僅餘260個，1999年則僅餘251個。不過，相對的，在非政府間國際組織方面則增加迅速，到1996年為止，全球計有5,472個。若將全球傳統與其他國際組織廣義累計，則到1996年為止，全球總計有1,830個政府間國際組織，以及1萬5108個非政府間國際組織[5]。

二、國際組織的定義及其要件

當然，國際組織的概念從1867年由蘇格蘭法學家羅瑞默（James Lorimer）首次在學術界披露以來，其意涵也不斷有所改變。例如德國國際法學家法蘭茲（Constantin Frantz）在1880年，將國際組織描述為「聯邦主義體制下的一種政治原則」；1882年傑力內克（Georg Jellinek）則將其視為「國家間結盟的理論」；直到1908年席金（Walther Schuecking）將其《世界組織》（*Die Organisation der Welt*）論文，以法文標題 "L'Organisation Internationale" 發表以後，國際組織一詞始正式被國際法學界所使用。至於在美國，則最早可追溯到1911年萊斯（Paul S. Reinsch）在其所著教科書中，使用「國際公共同盟」（Public International Union）後開始推廣。

---

5 *Yearbook of International Organizations 1996/1997* (Brussel: Union of International Associations, 1996), 33rd edn., p.1685.

從理論上探討國際組織，基本上可以從三個角度觀察：

1. 將國際組織視為一種工具（instruments），特別是作為遂行國家外交目標的工具。此係國際關係現實主義理論學派的觀點，主要是以追求國家最高利益為目的。
2. 將國際組織視作國家間協調事務的舞台（arena）。
3. 將國際組織視為國際行為者（actors）。

不過，此一角色究竟是作為傳統行為者——國家支配的一部分，抑或是獨立性的行為者，則因組織性質與重要性而有所差異[6]。

根據以上論述，國際組織基本上是一個對內由兩個或兩個以上國家間，透過協議，建立規範與規則，約束參與成員的行為角色，平衡各參與成員的期待，對外有能力代表其所參與成員處理相關事務的一種國際社會機構（institution）。在此一定義下的國際組織，諸如歐盟、聯合國、世界銀行、北大西洋公約組織、歐洲安全暨合作組織、歐洲理事會（Council of European）、石油輸出國家組織（Organization of Petroleum Exporting Countries，簡稱OPEC），以及阿拉伯國家聯盟（The Arab League）等均屬之。

另外，根據賈格（Anthony Judge）的研究，他歸納出國際組織形成的基本要件有以下八項：

6　Volker Rittberger, *Internationale Organisationen: Politik und Geschichte* （Opladen: Leske & Budrich, 1995）, 2nd. edn., pp.25-26.

1. 組織的目標必須是國際性的，並且至少包含三個國家。
2. 成員必須是個別或集體參與，享有投票權，投票必須是不受任一個別成員的控制。
3. 組織的條約必須設置正式的結構化機構，並賦予成員權利，定期選舉組織治理的主體與官員。同時，必須建立常設性機構，以及永久性的總部，確保組織持續性的運作。
4. 組織官員應建立輪值制度，不應該由相同國籍官員連續擔任。
5. 必須具有實質的預算分攤制度，並且不應從中對任一成員進行利益分配。
6. 與其他國際組織所建立的系統性機構關係，可以獨立進行，並派遣官員。
7. 組織的活動資訊必須是透明，且可以獲取。
8. 其他尚有若干負面表列條件，諸如考量參與成員規模大小、政治因素、意識形態、組織總部設置的地理位置，乃至於活動的場域等，則對於國際組織的建立並非是決定性的因素，也非必要條件[7]。

另外，華勒斯與辛格（M. Wallace & D. Singer）則對政府間國際組織歸納出三個形成要件：

---

7 A. Judge, "Types of International Organization", at http://www.uia.org/uiadocs/orgtypec.htm（2000.8.14），pp.8-9; C. Archer, op. cit., pp.30-31.

1. 組織必須由至少兩個受國際社會承認的國家組成，並在成員國政府間簽訂協定，作為正式存在的基礎。
2. 組織必須定期舉行大會（plenary sessions）。
3. 組織必須設置常設秘書處及永久性總部，確保組織工作能有效運作。

至於其他學者所提出的相關國際組織特徵及條件，則大同小異[8]。唯不論從任何角度觀察國際組織，其最顯著的特徵主要有三：
1. 要有成員國（membership）。
2. 要具備組織的目標（aim）。
3. 必須要建立組織結構（structure）。

三、國際組織的分類

根據聯合國經濟與社會理事會（UN Economic and Social Council）1950年2月27日288（x）號決議文略謂：「每一個國際組織若非經由政府間協定所組成，則可將其視為非政府的國際組織。[9]」

8　M. Wallace & D. Singer, "Intergovernmental Organization in the Global System 1815-1964", *International Organization*, Vol.28, No.2(1974), pp.239-287; A. Le R. Bennett, *International Organizations Principles and Issues*(Englewood Cliffs. NJ: Prentice - Hall, 1977), p.3.

9　Economic and Social Council, Resolution 288(x)(1950.2.27); C. Archer, op. cit., p.35.

據此，國際組織概可區分爲政府間國際組織（IGOs），以及非政府間國際組織（INGOs/NGOs）。

傳統上，對國際組織的界定乃是基於三個重要前提：

1. 在例外的情形下，僅有主權國家可以構成國際法的主體。
2. 每一個主權國家在國際法上的地位是平等的。
3. 主權國家的組成是獨立的，國際法對其政府所立的國內法不得干預。

唯隨著國際環境的變遷，非國家行爲者的角色亦逐漸發展爲國際行爲的主體。政府間與非政府間的國際組織最簡單明確的區別標準，就是端視其組成是否直接或間接、且多層面地以國家法律爲基礎。因此，倘依此判斷，只要一個國際組織既非基於國際法，也非基於國家間協議／條約而組成，則即可將之歸於非政府間國際組織。此一標準與聯合國定義幾乎一致。

不過，非政府間國際組織成立目的雖不以政治爲主，但以追尋不同國家與團體間，對於不同性質事務（例如安全、人類福祉、國家政體等）的價值觀，進行交流與重塑；但政府間國際組織則藉由「政治性機構」（political institution）的設置，對價值進行分配，包括對價值的保留或剝奪。雖然如此，若干組織則同時展現「雙元性格」，例如，國際勞工組織（ILO）的一些機構，不僅有各成員所屬的勞工與雇主團體的代表，也有政府官員代表共同討論議決相關事務；又如歐洲大學校長與副校長召開的定期會議，則幾乎完全是一公設機構。

傳統的國際關係以國家爲中心的思考模式（state-centric

model），可以同意一國政府與另一個國家的國內社會非政府團
體互動，但仍然堅持國際政治基本上是兩個或兩個以上國家政
府間的關係，而並非是與國家非政府成員的互動關係（請見圖4-1
所示）。

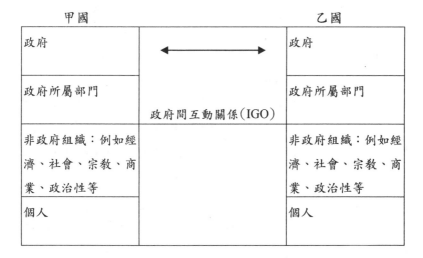

圖4-1　傳統的政府間與組織間的關係
資料來源：參考C. Archer, op.cit., p.38.

　　另外，基於跨國互動（transnational interaction）的密集程
度，根據柯恩與奈伊的研究，主要是受交通運輸、傳播電訊、
國際金融以及旅遊四大全球性交流的結果，促使國際間也形成
「跨國性組織」（Transnational Organization，簡稱TNO），其中

又粗分成營利(profit-making)與非營利(non-profit-making)兩類
(如表4-1所示)。

表4-1　政府間與非政府間國際組織粗分類

政府間(IGOs)	例如聯合國、非洲團結組織、東南亞國協、經濟合作暨發展組織、歐盟、國際貨幣基金、世界銀行等	
非政府間(NGOs)	例如產業與雇主工會聯盟(EU體系)(Union des Confede rations de l'Industrie et des Employeurs)；國際自由工會聯盟(Internationaler Bund Freier Gewerkschaften，簡稱IBFG)	
	跨國性(TNO)：營利	如IBM、Volkswagen、Sony等
	跨國性(TNO)：非營利	如綠色和平組織、國際紅十字會等

資料來源：V. Rittberger, op. cit., p.29.

　　再根據阿契爾(C. Archer)的分類，跨國性組織(TNOs)又可
概括爲四大範疇：

　　1. 純粹非政府間組織(genuine NGO)：由兩個或兩個以上
　　　　國家的屬性相同的非政府團體所組成，例如國際奧林匹
　　　　克委員會(International Olympic Committee，簡稱
　　　　IOC)、世界教會大會(World Council of Churches)、

Soroptimist International、國際救助軍（the Salvation Army），以及國際世界語協會（Universal Esporanto Association）等。

2. 混合性非政府間組織（hybrid NGO）：其成員包括有政府與非政府的代表，不過，倘若在該組織簽訂有政府間的條約或協定，則屬於政府間組織。例如國際勞工組織既有各國工會代表，也具有政府代表。不過，若干非政府間國際組織的成員本身代表，即屬混合性。例如國際科學聯盟大會（International Council of Scientific Unions），即由各國科學學術團體、研究協會、學術機構，以及政府的科研機構所組成。此外，尚有由民間團體、消費者或壓力團體所形成的非政府間國際組織，此類非政府間國際組織可以正式或非正式代表身分，參與非政府間國際組織的會議，例如環保團體即受邀參加在里約召開的聯合國環境會議。

3. 跨政府的國際組織（Transgovernmental Organization，簡稱TGO），係指各國政府的各個行為者（或行動單位）間的互動關係，其行為不受其政府外交政策機構的控制。此處所指涉的各國政府行為者，係指廣義的，包括立法人員、司法人員、行政人員，以及地方政府層級的人員而言。這類組織大體上均非正式的組織化與機構化，例如國際地方權限聯盟（International Union of Local Authorities，簡稱 IULA）、國際海洋探勘理事會（International Council for the Exploration of the Sea，簡

　　稱ICES)、國際刑警組織(International Criminal Police
Organization，簡稱Interpol)，以及國際議會同盟
(Inter-Parliamentary Union)等。

4. 由企業界所組成的非政府間國際組織，稱為
BINGOs(Business international non-governmental
organizations)，或稱為多國企業(Multinational
Enterprises/Corporations，簡稱MNEs或MNCs)[10](關於
這些組織的互動，可參考圖4-2)。

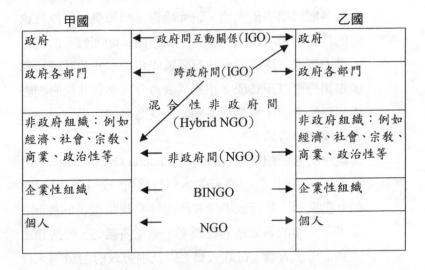

圖4-2　跨國之間與組織間的互動

資料來源：C. Archer, op. cit., p.39.

_____

10　C. Archer, op. cit., pp.39-40.

　　當然，國際組織也有依據成員國組成的規模大小、組織職權多寡，及其專業性程度，以政策功能取向，及組織決策代表性問題等加以分類。首先，就成員國規模大小而言，全球性或區域性，前者以聯合國爲典型，後者則通常設定加入條件，例如所處地理區塊、經濟及社會制度條件、文化條件、政治體制條件等不同形式的條件，例如歐盟及石油輸出國家組織等。其次，就組織職權的功能性而言，可區分爲廣泛性（comprehensive）及專業性領域，前者如聯合國，後者如非洲團結組織或歐盟，或是區域組織的專業性組織，如歐洲太空總署（European Spaceagency，簡稱ESA），以及石油輸出國家組織等（請參考圖4-3）。

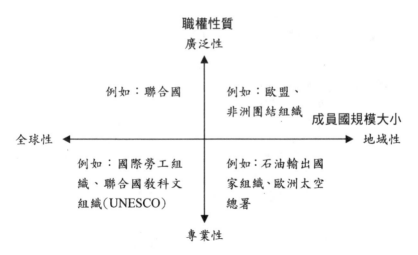

圖4-3　國際組織分類 I

資料來源：V. Rittberger, op. cit., p.31.

再就政策形成過程的功能面向，則概可分成「計畫性」的國際組織(programme organisation)，以及「行動性」的國際組織(operatic organisation)兩類。前者具備清楚的處理議題、目標定義及計畫草擬與闡述明確的條件，並由此訂定行動與職權分工的作業規範；至於後者則相對集中在工作的執行，特別是針對組織的行動，與職權分工作業規範是否受到遵守的監督，同時，介入組織內成員亟須迫切解決問題的過程。

通常，「計畫性」的國際組織特別著眼於組織的計畫綱領，對其成員的義務性與拘束力；而「行動性」的國際組織，則較專注於其行動執行，及其所採取制裁措施效果的發揮。前者約束力可分強弱，後者行動能力亦有強弱的區別(請參照表4-2)。

表4-2 國際組織分類 II

組織種類	組織能力	決策委任形式 協調：去中央化 聯合：中央化	案例
計畫性國際組織	具強制約束力	協調	聯合國
		聯合	歐盟
	約束力較弱	協調	歐洲安全合作組織
		聯合	聯合國專門組織
行動性國際組織	執行計畫能力強	協調	石油輸出國家組織
		聯合	國際貨幣基金、世界銀行
	執行計畫能力弱	協調	國際咖啡組織(International Coffee Organization，簡稱ICO)
		聯合	聯合國難民問題高級專員(UN High Commissioner for Refuges，簡稱UNHCR)

資料來源：V. Rittberger, op. cit., p.33.

　　除了前述各項有關國際組織的分類形式之外，根據國際協
會聯盟（Union of International Associations，簡稱UIA）1996年所
發行的《國際組織年鑑》（*Yearbook of International Organizations*）
一書中，將政府間國際組織劃分成三大類疇。

　　第一大類疇細分成4級，從A級到D級，基本上均是傳統的國
際組織（conventional IOs），A級稱為國際組織同盟（federation of
IOs），其中有39個非政府間國際組織，但只有一個政府間國際組
織，即是聯合國；B級稱為全球性成員的組織（universal
membership organizations），計有36個政府間國際組織，以及493
個非政府間國際組織，其中政府間國際組織的構成條件，必須
具全球性質的組織成員、行政體系、政策、地理疆域分布的均
衡性等條件。例如，國際原子能總署（International Atomic Energy
Agency，簡稱IAEA），或是萬國郵政同盟等；C級是跨洲際成員
的組織（intercontinental membership organizations），政府間國際
組織計有37個，非政府間國際組織計有1,007個，例如北大西洋
公約組織以及亞太郵政同盟（Asia-Pacific Postal Union，簡稱
APPU）；D級是以區域間成員為主的組織（regionally oriented
membership organizations），計有政府間國際組織186個，非政府
間國際組織則有3,933個[11]。

11　請比較Richart Capitt, Rodney Whitlock & Lynn Williams WhitLock,
　　"The [Im]mortality of International Governmental Organizations", in
　　Paul E. Diehl(ed.), *The Politics of Global Governance*(London,
　　Bonlder: Lynne Rienner, 1997), pp.7-27; here pp.13-14.

　　第二大類疇，國際協會聯盟將之稱爲其他類國際組織（other international bodies），計分成三級（E至G級）。E級係指地點與人事具延伸性與擴張性（emanating from place, persons），例如聯合國教科文組織（UNESCO）在歐洲與北美區域設置的科學合作局（Scientific Cooperation Bureau）、在大英國協設置的第三教育委員會（the Commonwealth Tertiary Education Commission），以及不結盟（Non Aligned）國家設立資訊與傳播有關的政府間協調與合作委員會等均屬之。根據統計，此類型政府間國際組織計有751個，非政府間國際組織則有1,944個；F級則指涉具特別形態的組織（special form），包括其組成與基金，此一形態包括一些政府間國際組織，例如國際貨幣基金及其他金融性的組織等，此一級的政府間國際組織計有743個，非政府間國際組織計有3,223個；G級則指涉具有國際功能取向的國內組織（internationally-oriented national organizations），其中政府間國際組織有76個，非政府間國際組織有4,469個。

　　第三大類疇則指涉特殊種類的組織，計有8級，細分爲H級（靜止、沒有活動性的政府間國際組織有356個，非政府間國際組織有2,921個）；J級是甫組成但尚未確認者，政府間國際組織計有226個，非政府間國際組織計有1,469個；K級是輔助性的國內組織（subsidiary and internal bodies），計有政府間國際組織504個，非政府間國際組織有1,270個；N級指涉一般國內性質的組織，該年鑑未詳列；R級指涉宗教秩序及一般世俗機構，則僅有非政府間國際組織870個；S級指涉自治性的會議（autonomous conference）；T級指涉多邊條約與政府間協定性質的組織

（multilateral treaties/intergovernmental agreements）則僅列政府間
國際組織1,914個；最後是U級，指涉的是目前幾年沒有活動的
非傳統性組織，計有政府間國際組織935個，非政府間國際組織
則高達12,414個。

　　根據一項研究結果顯示，在冷戰結束前，政府間國際組織
的存活率（mortality rate）超過71%；尤其是自1865年建立政府間
國際組織以來，其中有15個政府間國際組織的存在長達一個世
紀以上；冷戰結束後，隨著前蘇聯政權的垮台，許多原在冷戰
期間存在的軍事性如華沙公約組織（Warsaw Treaty
Organization，簡稱WTO），經濟性如東歐經濟互助委員會
（Council for Mutual Economic Assistance，簡稱CMEA），以及國
際經濟合作組織（Organization for International Economic
Cooperation，簡稱OIEC）等均已告瓦解。

　　隨著全球化發展與中東歐地區政經形勢轉變，原先親蘇聯
集團的國家則更熱中於與西方國家的政府間國際組織接觸。這
就如同國際政治學者華爾滋在其所著《國際政治理論》一書中
所坦承：國家的消亡率明顯地是非常低的（the death rate for states
is remarkably low），同樣的，對政府間國際組織也是如此[12]。自
1855年以來，強權政治發展使得傳統的政府間國際組織，從現
實主義觀點而論，其存在均在於反映此類國家的權力分配。例
如，自1914年具有運作功能的34個政府間國際組織，其中到1989

12　Kenneth Waltz, *Theory of International Politics*(Reading, Mass.:
　　Addison Wesley, 1979), p.137.

年冷戰結束,仍然有18個持續在運作,其中因素主要是包括世界大戰、非殖民化政策、國家的建立、瓦解或統合所帶來的結果。而從新自由主義(neoliberal)的角度而言,政府間國際組織的消長,則歸因於權力平衡的變化,對國際政治所帶來的不安結果。

四、國際組織的成因

前項的討論,我們可以歸納出國際組織的形成,主要係由於「情勢結構」(situation structure)以及「權力結構」(power structure)兩項因素。其中包括了「主權」、「互賴」、「解決共同問題/達到共同利益」,以及對國際關係情勢的「認知」(cognition)等四項條件。根據前述兩大結構要素,里特伯格(V. Rittberger)觀察國際組織成為全球性或區域性的需求因子,主要有六大動力,茲分述如下[13]:

(一)戰爭與強權政治動力

如本書前所論述,自1648年西發利亞條約所締構的歐洲國際和平與互賴體系,乃至1815年的維也納會議體系,均可見各國的諮商、協調、危機處理,解決衝突,建構安全體系的願望與努力,及至經過1853至1856年的克林(Krim)戰爭,1870/1871年的普法戰爭、1878年解決巴爾幹問題的柏林會議,以及1884

---

13 V. Rittberger, op. cit., pp.34-74.

／1885年的非洲剛果會議之後達到高峰。不過，此一體系在經過1906／1911年的摩洛哥會議、1912／1913年的爲解決巴爾幹問題所召開的倫敦使節會議中，宣告失敗，1914年爆發世界大戰，更證明英國致力於建構國際「霸權穩定」（hegemony stability）秩序的夢想終究失敗。

與此同時，國際社會因戰爭動亂因素，也促成甚多以促進和平爲主旨的非政府間組織的成立，其共同願望是促成國際聯盟的成立，例如德國在1892年成立「德國和平協會」（Deutsche Friedensgesellschaft）；同時，「社會主義者國際」（Sozialistische Internationale）在十九世紀中葉以後，即已成形發展，並於1864／1876年成立第一國際，1889／1900至1914年間成立第二國際，均是由當時社會主義國家之公民爲建構和平秩序所做的努力。其努力目標之一，即是建立戰爭預防機制，其結果則促成1899／1907年海牙會議的召開，其成效則是建立了戰爭法人道法典，即「海牙陸戰法則」（Haager Landkriegsordnung）。1919年一次大戰結束後的國際聯盟，可謂是最典型因戰爭因素形成國家間建立組織結構化的機構的產物。

如前所述，國際聯盟仍然無法避免二次大戰的發生，1931年日本在東亞侵略中國、1935年義大利侵入阿貝西寧（Abessinien）、1939年德軍進攻波蘭，而美國的參與二戰及其主導聯合國的成立，則造就了另一個世界強權。

聯合國憲章獲得51個同盟國陣營國家的簽署，與國際聯盟相較，聯合國憲章第8章第52條更強調區域國家間組織對於和平安全秩序的意義。據此，1948年美洲國家組織（OAS）、1963

年非洲團結組織、1945年的阿拉伯國家聯盟、1954年的西歐聯盟、1972年歐洲安全合作會議（Conference for Security and Cooperation in Europe/CSCE，冷戰結束後，轉型成歐洲安全合作組織）的召開等，均是因戰爭與強權政治影響下的結果（請參考表4-3）。

表4-3　國際組織形成的需求因子 I：戰爭與強權

需求因子：背景	結果：組織形成
拿破崙戰爭（1803至1814年）	歐洲強權會議（維也納）（1815至1914年）、海牙會議（1899至1907年）
第一次世界大戰（1914至1919年）	國際聯盟（1919年）、凱洛格─白里安公約（1928年）
第二次世界大戰（1939至1945年）	聯合國（1945年）、阿拉伯國家聯盟（1945年）、美洲國家組織（1948年）
冷戰期間（1947至1989年）	歐洲安全合作會議（1972年）／歐洲安全合作組織（1992年）

資料來源：V. Rittberger, op. cit., p.41.

（二）產業經濟的擴張

　　基本上屬於國際組織形成「情勢結構」的分析層次，導因於國家間經濟發展需求的結果。曼果（G. Mangone)將其歸納為三大類：

1. 交通運輸因素。
2. 訊息傳播因素。

3. 公共衛生、勞動條件與農業經濟等因素[14]。

首先，就第一大類而言，幾乎整個十九世紀，歐洲各國企業家均在思考如何撤除國家邊境交通的障礙。十九世紀初期，即提出建立國際組織，以確保國家間貿易往來路線的自由與安全，其結果是在1814／1815年的維也納會議中，批准了「萊因河船舶航行法」（Rheinschiffahrstsakte）。該項法案不僅具成員、任務，與組織結構，同時還設立國家間的行政管理機構。若以今日對國際組織的定義而言，確已足可謂為「國際組織」。

此後，國際社會則依此模式，建立了類似河川管理委員會性質的組織，例如1821年的易北河、1923年的魏澤（威悉）河（Weser）、1830年馬斯河（Maas）、1856年多瑙河，以及1885年的剛果河等。在海洋船隻航行部分，最早可溯及1889年的「預防海洋船隻衝突國際規則」（International Regulations for the Prevention of Collisions at Sea），藉以規範國際海洋交通秩序，後來即演變到1982年的「國際海上交通組織」（International Maritime Organization，簡稱IMO）；其他交通運輸，例如1922年的國際鐵道聯盟（UIC），以及1944年的國際民用航空器航行組織（International Civil Aviation Organization，簡稱ICAO）等。

再者，就訊息傳播而言，十九世紀中期，歐洲各國即陸續針對訊息傳播種類、費用規則，與分配標準規範，進行討論協

14　Gerard Mangone, *A Short History of International Organization* （Westpurt, 1954), pp.67-93.

調,並累積了許多簽訂的協定經驗後,於1865年建立了「國際電報同盟」,其間並經過無數次國際無線電訊會議的補充,於1932年合併成為「世界電訊協會」,二次大戰結束後,正式改稱為「國際電訊同盟」(International Telecommunications Union,簡稱ITU)。

此外,在國際郵政管理部分,於1874年成立了一般郵政同盟(General Postal Union),即今日的「萬國郵政同盟」;同時,二次戰後,由於太空飛行器及衛星技術的進步與發展,國際間於1971年成立了「國際通訊衛星組織」(International Telecommunications Satellite Organization,簡稱INTELSAT),藉以規範太空運行秩序。

伴隨著國際交通運輸往來頻繁,對於引發的公共衛生問題,也引起歐洲各國的關切與重視。例如十九世紀的歐洲,曾爆發六次嚴重的霍亂瘟疫病毒大流行,因此十九世紀中期開始,歐洲即舉行多次公共衛生會議,並於1880年通過「國際公共衛生公約」,特別著重加強國際港口城市的衛生監管工作;1902年在美國也成立「泛美公共衛生局」;至1907年終於在巴黎成立「國際衛生署」,發展到二次戰後,即成為「世界衛生組織」(World Health Organization,簡稱WHO)。

至於其他因為產業經濟擴張因素,所形成相關的國際組織,尚有1883年依「巴黎國際商業法律保護公約」,成立行政管理機構的「國際辦公室」,但此一機構與一般專利保護公約不同;1886年的瑞士「伯恩(Bern)智慧財產權保護公約」,經逐步發展成為二次戰後1967年的「世界智慧財產組織」(World

Intellectual Property Organization，簡稱WIPO）；又在農業方面，
1905年在羅馬成立「國際農業研究所」（International Agriculture
Institute，簡稱IAI），後來在1945年成為聯合國專門組織「世界
糧食與農業組織」（Food and Agriculture Organization，簡稱
FAO）；在勞動者保護方面，也歷經1890年柏林國際社會主義會
議，1901年在瑞士巴塞爾（Basel）成立「國際勞工法立法協會」
（Internationale Vereinigung fuer Arbeitsgesetzgebung），逐步演進
成一次戰後凡爾賽會議之後建立的國際勞工聯盟，並成為二次
戰後聯合國的專門組織（請參考表4-4）。

表4-4　國際組織形成的需求因子 II：產業經濟擴張

需求因子：背景	結果：組織形成
• 交通運輸方面： 　河流航行 ⟶	1815年萊因河管理委員會；1821年易北河；1823年威悉河；1830年馬斯河，以及1856年多瑙河等。
鐵道運輸 ⟶	1847年德意志鐵道管理協會；1890年國際鐵道運輸中央辦公室；1922年國際鐵道聯盟等。
海洋航行 ⟶	1897年國際海洋航行委員會；1948年國家間海洋航行諮詢組織；1982年國際海上交通組織等。
航空飛行 ⟶	1919年國際航空飛行委員會；1944年國際民用航空器航行組織等。
• 訊息傳播方面： 　電訊 ⟶	1865年國際電報同盟；1906年國際電訊會議；1932年世界電訊協會；1945年國際電訊同盟。
郵政 ⟶	1874年一般郵政同盟；1878年萬國郵政同盟；1948年萬國郵政同盟成為聯合國專門組織。
• 度量衡標準化方面	1875年國際度量衡總署；1895年國際統計會議。
• 智慧財產權方面	1883年巴黎商業法律保護公約；1886年伯恩智慧財產權保護公約；1967年世界智慧財產組織；1973年歐洲專利局（EPA）等。

資料來源：V. Rittberger, op. cit., p.48.

(三)世界經濟危機因素

主要起因於1870至1880年代的世界經濟大蕭條,以及1929年世界經濟大恐慌,促使世界各國紛紛築起貿易關稅障礙、降低幣值,以及採取非關稅貿易障礙措施。其結果導致以1932年為例,世界在製成品的貿易總額,僅達1929年水準的6%。與1870至1880年代的經濟大衰退(Grosse Depression)相比較,十九世紀的經濟恐慌在英國自由的世界經濟與財政金融秩序指導下,確立了相對的自由市場準則、金本位制,以及貨幣自由兌換體系,解決了當時的經濟危機;一次大戰的爆發,撕裂了此一體系,1929年大恐慌復使此一體系的恢復希望成為泡影。1930年代的經濟大恐慌,大體上皆透過雙邊或區域間協商方式解決,完全是一種缺乏秩序、規章可言的國際貿易與金融體系[15]。

有鑑於此,二次大戰以英、美為首的強權,則亟思透過國際組織的建構,來穩定國際金融與貿易政策的秩序,此一構思充分體現國際關係「霸權穩定」與「集體選擇」(collective choice),得以在國際體系兼容並包的情勢。其結果是在1944年達成以穩定金融市場為目標的布雷敦森林體系協定,建立「國際貨幣基金」,以及「國際復興開發銀行」(即世界銀行,International Bank for Reconstruction and Development,簡稱IBRD),至於世界貿易體系的秩序,則在企圖建立「國際貿易組

15　R. A. Parker, *Das Zwanzigste Jahrhundert I-Europa 1918-1945*
　　(Frankfurt: Fischer Welfgeschichte Bd. 34, 1967), pp.101-110.

織」(International Trade Organization，簡稱ITO)的計畫失敗後，另行在1947年成立「關稅暨貿易總協定」。

關稅暨貿易總協定的建立，引導國際貿易進入多邊協議與組織結構擴大的發展趨勢。1995年，125個關稅暨貿易總協定成員體，以及超過30個適用關稅暨貿易總協定規範的國家，決定建構更具協調與調解動能的機制組織。

在經過1949年阿訥西(Annecy)回合、1950年托基(Torquay)回合、1955／1956年日內瓦回合(日本成為成員體)、1960／1962年狄龍(Dillon)回合、1964／1967年甘迺迪回合、1973／1979年東京回合等，六回合之談判有關對關稅障礙撤除，以及工業產品關稅減讓的協議，以及在1986／1993年烏拉圭回合(Uruguay-Round)的談判議題，除了擴大至貿易自由化(包括關稅、非關稅貿易障礙等)範疇，改革組織規範、增加產品項目協議(例如紡織品、農產品及原料等)之外，並增加新談判議題，如服務業、智慧財產權保護，以及各項投資措施等[16]。

經諮商過程後，於1994年4月15日的馬拉喀什(Marrakech)部長會議中，簽署烏拉圭回合終結文件，並經1994年12月日內瓦會議決議，於1995年1月1日正式成立「世界貿易組織」(請參考表4-5)。

16　Maro V. Baratta & Jan Ulrich Clauss, *Fischer Almanach der Internationalen Organisationen*(Frankfurt a.m.: Fischer Taschenbuch Verlag, 1995), pp.614-621.

表4-5　國際組織形成的需求因子 III：世界經濟危機

需求因子：背景	結果：組織形成
・貨幣秩序方面： 　經濟大蕭條 　（1878至1891年）──────▶ 　經濟大恐慌 　（1929至1932年）──────▶	金本位制度及貨幣自由兌換體系 國際貨幣基金（1994年）
・貿易秩序方面： 　經濟大蕭條 　（1878至1891年）──────▶ 　經濟大恐慌 　（1929至1932年）──────▶	採取限制性的自由貿易原則 關稅暨貿易總協定（1948年）

(四)南北區域發展不均衡

　　二次大戰之後，特別在1960年代非殖民化加速的結果，也逐漸形成國際組織發展的新需求。許多新興國家紛紛在政治上脫離原殖民地國家的主權依附而獨立，唯類此國家在彼此經濟上的關係，卻仍相當依賴扈從，此一特殊的政經分離與互賴體系，逐漸形成國際關係的「南北衝突」緊張體系，以及美、蘇兩極體系。

　　在此一緊張的南北關係架構中，許多開發中或較低度落後地區的南方國家，同樣也產生建立屬於自身體系的國際組織之需求，俾利於與已開發的富裕「北方」國家，在特殊的政經結構中維繫其利益。在此一南北區域發展失衡態勢下所成立的國際組織，基本上有以下四大類：

1. 聯合國附屬機構及相關基金管理機構

最顯著的包括世界銀行及其姊妹機構,例如1955年的「國際金融機構」(International Finance Corporation,簡稱IFC),以及 1960 年的「國際開發協會」(International Development Association,簡稱IDA)等。世界銀行提供給成員國政府市場運作條件之下的信用貸款,也可提供給其私人企業,唯須獲得成員國政府的擔保;國際金融機構則僅提供貸款給極少數開發中國家的私人企業,其目的係為支持其經濟發展的過程;至於國際開發協會,則基本上提供給收入所得極低的開發中國家長期無息的貸款。

至於相關基金管理機構,如「聯合國開發計畫」(United Nations Development Programme,簡稱UNDP),基本上以提供人員、專家、技術、教育訓練獎學金所需為主;另外,「國際農業發展基金」(International Fund for Agricultural Development,簡稱IFAD)正式建立,其形成基礎是1974年世界糧食會議所達成的共識,主要因為大部分的開發中國家均面臨糧食營養危機,希望藉此基金提高農業生產力,改善糧食短缺問題。

2. 聯合國開發政策的機構

最著名的是1964年在聯合國大會決議成立的「世界貿易與發展會議」(United Nations Conference on Trade and Development,簡稱UNCTAD),作為開發中國家經濟與貿易政策及其發展的諮商與計畫執行機制;另外,「聯合國工業發展組織」(United Nations Industrial Development Organization,簡稱UNIDO)則專門針對開

發中國家的工業發展，提供各種諮商與協助。

3. 開發中國家自發性政治組織

例如1961年在南斯拉夫貝爾格勒建立「國家集團解放運動」（Bewegung Blockfreier Staaten），形成一股反殖民化國家結盟的風潮，也是繼1955年在印尼萬隆（Bandung）會議後的重要發展。

其後，1964年在日內瓦舉行的第一次世貿會議（UNCTAD）之後，77個開發中國家組成「77國集團」（Group 77），發表共同聲明，宣布77國對於新的世界貿易與發展政策，將採取一致的態度，並加強團結，同時成功地在1974年聯合國第6次特別大會中，提出世界經濟新秩序的行動綱領聲明，並於第29次聯合國大會中，通過國家的「經濟權利與義務憲章」。

「77國集團」基本上可以視作是「第三世界結盟體」，其基本功能在於對國際經濟合作的共同目標與行動綱領，有參與制訂與執行的權力，並且作為在聯合國內部與工業化國家談判的第三世界代表。

4. 受產業或地理疆域限制的開發中國家的經濟合作

例如，1969年5月26日五個中南美洲國家（玻利維亞、智利、厄瓜多爾、哥倫比亞、秘魯）建立「安地斯公約」（Andean Pact）；1967年8月8日東南亞地區五個國家（印尼、馬來西亞、菲律賓、新加坡、泰國）建立「東南亞國家協會」；以及1975年5月15個西非國家組成「西非國家經濟共同體」（Economic Community of

West African States，簡稱ECOWAS)等。

　　不過，這些組織運作成效並不彰顯，原因是其發展水平、資源設備與經濟潛力均相對落後。同時，各成員國的政治體系不一，政局也不穩定等非經濟因素，均造成合作障礙。作為工業國家及世界市場原料與初級產品主要供應國，這些國家與其夥伴之間的經濟關係，甚至較諸工業國家更形薄弱。

　　較引人矚目的開發中國家的組織，可說是「石油輸出國家組織」。該組織於1960年9月14日，由伊拉克、伊朗、科威特、沙烏地阿拉伯及委內瑞拉等五個國家，在伊拉克首都巴格達簽署委內瑞拉協定而成立，目前計有13個成員國，遍及亞、非及拉丁美洲，其主要組織機構有石油與財政部長會議，每半年舉行一次會議，決定石油產量及價格，即俗稱「OPEC會議」，此一會議中，創始成員國享有對新加入成員國的否決權。

　　此外，石油輸出國家組織尚有首腦會議(Gouverneurs Council)，每半年集會一次；部長層級監督委員會，每3個月集會一次，監督石油價格與產量政策，並發展長期石油開發戰略；經濟委員會則對價格、關稅等進行審核，以及秘書長的設置等；同時，尚有次級機構「石油輸出組織國際開發基金」等。

　　不過，由於石油輸出國家組織成員的社會、文化、政治及地理的異質性，再加上其對於價格與原油產量政策存在基本的利益差異，其內部成員彼此的關係並不和諧。例如伊拉克與科威特之間，以及南美外債甚高的委內瑞拉，對原油輸出產量標準與其他成員國並不一致等(請參考表4-6)。

表4-6　國際組織形成的需求因子 IV：南北區域發展不均衡

需求因子：背景	結果：組織形成
金融資源分配、移轉	世界銀行集團〔包括國際復興開發銀行(1944年)、國際金融機構(1955年)、國際開發協會(1966年)、國際農業發展基金(1974年)等〕。
聯合國開發合作計畫	世界貿易與發展會議(1964年)、聯合國工業發展組織(1966年成立，自1986年起成為聯合國專門組織)。
開發中國家的政治性自主組織	集團解放運動(1961年)、77國集團(1964年)。
開發中國家的區域經濟合作	石油輸出國家組織(1960年)、東南亞國家協會(1967年)、安地斯公約(1969年)、西非國家經濟共同體(1975年)、南非發展協調會議(Southern African Development Co-ordination Conference，簡稱SADCC)(1979年)。

5. 人類資源耗竭、環境破壞，與具自我毀滅性風險的因素

　　最顯著的例子，是環境問題惡化所建立的全球性與區域性環境組織。例如，1950年國際萊因河保護委員會在巴塞爾成立，其宗旨係為水污染研究，及建立水資源保護措施，主要成員包括德國、法國、盧森堡、荷蘭、瑞士及歐盟等；在海洋生態環境保護方面，則有1959年成立的國際海洋船舶航行組織(即後來1982年形成的國際海上交通組織)，對海洋油污的排放，以及放射性物質等的控制，皆具有相當的功能[17]。

　　另外，在區域性的部分，例如對北海、東海及地中海，皆

17　Dieter Ruloff, Weltstaat oder Staatenwelt-Ueber die Chancen Globaler Zusammenarbeit(Muenchen: Becks, 1988), pp.197-203.

有類似的組織建構，以防止海洋生態環境的持續惡化；在跨國環境問題的協調方面，例如「聯合國歐洲經濟委員會」（UN-Economic Commission for Europe，簡稱ECE），則主要是針對歐洲酸雨的形成與影響研究組織而成的。

另一個處理國際環境議題的組織「世界氣象組織」（World Meteorological Organization，簡稱WMO），於1950年3月23日成立，1951年12月成爲聯合國的專門組織，早期係作爲國際間氣象資訊交換，與氣象合作的功能，晚近則特別針對同溫層臭氧破洞的發現，以及全球氣候變遷，所引起的溫室效應等問題，進行跨區域性的研究。

有鑑於環境破壞的全球化現象，聯合國於1972年在瑞典斯德哥爾摩（Stockholm）召開世界環境會議，決定以「聯合國環境計畫」（UN Environment Programme，簡稱UNEP）作爲全球環境保護工作的協調與發展機制，並於1985年通過維也納臭氧層保護公約，以及1987年的蒙特利爾（Montreal）臭氧層的環境議定書。

後冷戰時期最具意義的發展，則爲1992年在里約熱內盧（Rio de Janeiro），所舉行的世界環境與發展會議（UN Conference on Environment and Development，簡稱UNCED），匯集了全世界115個國家元首，以及來自178個國家的1萬個代表與會，會中達成生物多樣性保護及氣候保護公約等，多項具人類永續發展指標意義的成果；尤其是「二十一世紀議程」（Agenda 21）提出115項針對大氣臭氧層、地球自然資源保護，以及生物多樣性有關問題的解決行動計畫等。

　　其他例如因工業化及科技進步的關係，1956年成立國際原子能總署(IAEA)，1963年通過「核子禁試條約」、1968年7月1日通過「核子武器禁運條約」(Non-Proliferation Treaty，簡稱NPT)，尤其是自1986年蘇聯車諾比(Tschernobyl)核子反應爐發生輻射外洩事件之後，國際原子能總署則於同年於日內瓦召開國際原子能會議，希望據此建立更有效的預防與監測機制，並致力於避免將核子作為戰爭用途的工具(請參考表4-7)。

表4-7　國際組織形成的需求因子 V：人類破壞因素

需求因子：背景	結果：組織形成
環境破壞	國際萊因河保護委員會(1950年)、國際原子能總署(1956年)、國際海洋船舶航行組織、世界氣象組織、聯合國歐洲經濟委員會、歐盟、聯合國環境計畫(1972年)等。
毀滅性武器的研發與散播	國際原子能總署(1956年)、核子禁試條約(1963年)、核子武器禁運條約(1968年通過，1969年生效)。

6. 冷戰時期東西衝突的因素

　　主要根源於二次戰後，世界體系形成美、蘇兩極體系／資本主義與共產主義意識形態的衝突與對峙的情勢需求，特別著重於經濟與軍事安全面向的組織形態。

　　以美國為首的西方國家陣營主要組織，包括了北大西洋公約組織、經濟合作暨發展組織、西歐國家組成的歐洲共同體(European Community，簡稱EC)、西歐聯盟(West European Union，簡稱WEU)，以及歐洲理事會(Council of European)等。

　　北大西洋公約組織於1949年4月4日，在美國華盛頓集會，結合12個西歐國家及美、加等國，於同年8月24日成立，主要在於加強成員國之間的軍事、政治及經濟的合作關係。根據其條約第5條的規定，條約國之中任一或多個遭受攻擊，則視同對全體締約國的攻擊，並可援引聯合國憲章第51條的法律根據，採取個別或集體的防禦，並可提供相互援助，但非自動援助義務。

　　北大西洋公約組織結構區分成兩大性質，在政治性（非軍事性）部分，主要有北約理事會（North Atlantic Council），此係最高諮詢與決議機構；歐洲小組（Eurogroup）係對歐洲防禦事務的協調機制；防禦計畫委員會（Defence Planning Group，簡稱DPG）主要針對軍事政策，僅適用於參與軍事防禦任務的成員國；核子計畫小組（Nuclear Planning Group，簡稱NPG），針對適用核子強權國家的特遣計畫（法國除外）；北約議員大會（Northaltantic Assembly），由16個成員國及12個中東歐協同國家的500名議員所組成，每年集會一次，主要在於與各成員國國會增加互動與溝通；北約合作理事會（NACC）主要在於與獨立國協國家，及前蘇聯的結盟國家建立信心措施（主要是國防、外交及各司令部、司令官、秘書長等）。

　　至於軍事性的組織，則有軍事委員會（Military Committee，簡稱MC）為最高軍事諮詢機構，為北大西洋公約組織共同防禦政策與措施提出建議；國際軍事司令部（International Military Staff，簡稱IMS）為軍事委員會的執行機構，分成軍事情報、參謀、作戰、管理、後勤、聯絡等六大部門；指揮結構則分成歐洲地區（Allied Command Europe，簡稱ACE）及北大西洋（Allied

Command Atlantic，簡稱ACLANT)兩個最高區指揮部與指揮官。歐洲地區包括AFNORTHWEST(西北地區)、AFCENT(中部)、AFSOUTH(南部)、ARRC(快速干預部隊)、NAEW-F(預警部隊)、LANPCENT(空中武裝)等。

另一個軍事性防禦組織是西歐聯盟。西歐聯盟成立於1954年10月23日，透過巴黎條約的簽署生效而組成(生效日：1955年5月6日)，其前身是以1947年3月4日英法敦克爾克防禦協定，以荷比盧(Benelux)三國於1948年3月17日簽署的「經濟、社會、文化合作及共同防禦公約」(即布魯塞爾公約)做基礎，在法國提議建立「歐洲防禦共同體」(European Defense Community，簡稱EDC)的構想失敗以後，所形成的西歐集體防禦組織，其成員國有荷比盧、德國、法國、英國、義大利、希臘(1955年3月加入)，以及西班牙、葡萄牙(1989年加入)等。

西歐聯盟的功能，在於藉由成員國的自動援助反制攻擊，實際上，則僅作為安全政策的諮詢論壇，因為西歐聯盟並無軍事性的組織機構。不過，未來歐盟的共同外交及安全政策(Common Foreign and Security Policy，簡稱CFSP)，已確定將西歐聯盟列入安全體系的一環。

西歐聯盟的主要機構有部長理事會(Council of Ministers)，由成員國外交及國防部長組成，職司政治決策；常設理事會(Permanent Council)設於倫敦，是部長理事會的輔助機構；安全研究機構(Institute for Security Studies)設於巴黎，分成軍控與裁軍、安全與防禦，以及軍備發展與合作等三部門；西歐聯盟大會設於巴黎，主要向部長理事會提出建議；另外，秘書處則設

於布魯塞爾。

1997年5月，西歐聯盟部長理事會通過設置軍事委員會（Military Committee），於1998年正式運作，同時設立軍事司令部，作為西歐聯盟唯一常設軍事機構。不過，2000年11月西歐聯盟部長理事會復決議，停止軍事司令部的活動[18]。

除了軍事性組織之外，經濟性最具代表性發展的，即是二次戰後西歐推動的歐洲統合運動。自1951年4月18日，巴黎條約的「歐洲煤鋼共同體」（European Coal and Steal Community，簡稱ECSC）的建立，經過「歐洲防禦共同體」（European Defense Community，簡稱EDC），以及「歐洲政治共同體」（European Political Community，簡稱EPC）於1954年的失敗經驗，歐洲邁向以經濟統合作為合作手段，於1957年3月27日，德、法、義、荷比盧六個國家簽署羅馬條約（The Rome Treaty），成立「歐洲經濟共同體」（European Economic Community，簡稱EEC），以及「歐洲原子能共同體」（European Atomic Energy Community，簡稱EAEC）。並於1967年7月1日，與歐洲煤鋼共同體透過機構「合併條約」（The Merge Treaty）的生效，三者合稱為「歐洲共同體」（EC）。嗣後，再經由1993年11月生效的「馬斯垂克條約」（The Maastricht Treaty），始成為今日的「歐盟」（EU）。

歐盟現有15個會員國，除前述6個創始會員國外，其間經歷四次擴大（1973年增加英國、丹麥、愛爾蘭三國，1981年增加希

---

18 *The Europe Directory of International Organizations 2001*（London: Europa Publications, Taylor of Francis Group, 2001），3rd eds., pp.466-467.

臘，1986年西班牙、葡萄牙加入，1995年芬蘭、瑞典及奧地利加入）。

　　歐盟主要機構有執行委員會（European Commission），簡稱執委會，為最高行政機構；歐洲會議（European Council，即歐盟元首高峰會議）；部長理事會（Council of Ministers），原則上係歐盟的決策機構；歐洲議會（European Parliament，簡稱EP），計有626個議員，任期5年，係歐盟立法預算審查機構，與執委會及部長理事會並稱為歐盟的共同決策機構；歐洲法院（Court of Justice），係歐盟司法機構，計有15名法官（Judges），及9名總辯護士（Advocate General），任期6年，可連任。

　　此外，歐洲審計院（Court of Auditors）負責監督歐盟的支出與歲入事項，計有15名成員，任期6年；歐洲中央銀行（European Central Bank，簡稱ECB）於1998年6月1日成立，總部設於法蘭克福，前身是1994年的歐洲貨幣研究機構（European Monetary Institute），主要是為歐盟單一匯率與單一貨幣歐元（Euro）的實施所設置；歐洲投資銀行（European Investment Bank）主要工作是在非營利基礎上，對歐盟成員國的投資項目提供或保證貸款，藉以平衡歐盟的區域發展與穩定。另外，歐盟尚有諮詢性質的機構，如「經濟暨社會委員會」（Economic and Social Committee），與「區域委員會」（Committee of the Regions）等。

　　至於經濟合作暨發展組織（OECD），則係於1961年取代原有在1948年由馬歇爾主導成立的「歐洲經濟合作組織」（OEEC）而成立，目前有30個成員國，除了北美地區的美國、加拿大、墨西哥，亞太地區的日本、韓國、紐西蘭、澳洲，中東歐改革國

家的波蘭、斯洛伐克、匈牙利、捷克，以及土耳其、瑞士、冰島、挪威之外，其餘皆爲歐盟15個成員國。

　經濟合作暨發展組織主要作爲成員國政府間經濟、社會政策的協調論壇，以促進經濟永續發展、提高就業與生活水準、維持金融穩定爲主。主要機構有理事會（Council），每年由成員國部長層級官員代表與會四次，可由成員雙邊協定中接受理事會的決議或建議；執行委員會（Executive Committee）爲理事會的工作準備機構；秘書處的總部則設於巴黎。

　關於歐洲理事會（Council of Europe）可說是二次戰後第一個歐洲政治性的組織，於1949年5月成立。主要功能係在議會民主的基礎上，尊重人權、法治、促進成員國的社會進展。成員國由最初的10個，增加至今爲43個。主要機構有部長委員會（Committee of Ministers）、19個專責事務的部長會議（Conference of Specialized Ministers）、議員大會（Parliamentary Assembly）、秘書處，以及「歐洲地方與區域政府會議」（Congress of Local and Regional Authorities of Europe，簡稱CLRAE）。

　歐洲理事會最顯著的工作成效，厥唯於1950年11月通過的「歐洲人權公約」（European Convention on Human Rights/Convention for Protection of Human Rights and Fundamental Freedoms），以及1965年生效的「歐洲社會憲章」（European Social Charter）（該憲章於1996年5月3日重新修正，新憲章於1999年7月1日生效）。

　另外，因東西衝突，以前蘇聯爲首的8個共產陣營國家，在軍事性方面於1955年5月成立了「華沙公約組織」（Warshaw Treaty Organization），以對抗北大西洋公約組織。1991年4月1日

因冷戰結束，華沙公約組織宣告瓦解；至於在經濟性組織方面，則於1949年1月25日在莫斯科成立「東歐經濟互助理事會」（COMECON/CMCE），作爲計畫經濟體系的協調與合作。東歐經濟互助理事會同樣因前蘇聯的瓦解，而於1991年6月27日在布達佩斯正式宣告解體（請參考表4-8）。

表4-8　國際組織形成的需求因子　VI：東西衝突

需求因子：背景	結果：組織形成
安全因素	北大西洋公約組織（1949年）、西歐聯盟（1955年）、華沙公約組織（1955至1990年）
社會暨經濟因素	歐洲經濟合作組織／經濟合作暨發展組織（1948／1961年）、歐洲煤鋼共同體（1951年）、歐洲經濟共同體／歐洲原子能共同體（1958年）、東歐經濟互助理事會（1949至1991年）
人權暨政治因素	歐洲理事會（1949年）

五、國際組織的功能與角色

從歷史角度審視，國際組織從十九世紀發展以來，其定義、形態、角色、功能，均不斷注入新的元素，目標與活動範圍也日趨廣泛。在今日國際分工日益專業與分枝的情形下，國際組織指涉的已超出一般傳統主權國家互動的思維，有更多的民間團體、企業聯盟、集團，以及各式各樣跨國性的人與人互動關係的網絡已形成，或是正在形成。

　　因此，阿契爾認為，在我們思考國際組織的功能或角色議
題之際，應考慮將其定位在「全球市場框架」（Global Marketplace）
中去檢視。這其中包括國際組織如何影響全球的政經軍社等的
市場與版圖？其運作、管理及組織的需求執行是否更具效率？
其僅作為組織成員之間的利益遂行工具，抑或相對於組織外的
國家對象的交流密度，也產生對組織的正面影響？組織是否制
訂一套標準的行為規範或準則，藉以約束或放寬其成員的行
為？組織是否可以藉由各種商情資訊的買賣交易行為，影響或
改變全球政治市場版圖，或甚至發展成為「全球治理」（global
governance）[19]？

　　關於「全球市場框架」的概念，究竟其本質為何？其是否
意味著全球所有人類（不分種族、血統）、動物、國家（不分大
小），均能自由地相互往來於一個開放性的全球國家體系？或者
仍然必須制訂規範，相互約束；或劃分議題，小心處理？對此，
學者曼斯巴哈（R. W. Mansbach）等人即認為，全球治理體系係由
「具有一定數量的國際自治性行為者，以各種制訂的途徑，進
行交流互動，彼此相互影響，並藉此誘發或限制其他行為者的
行為」[20]。

　　曼斯巴哈主要強調，全球體系的互動網絡在某種程度上仍
須謹守分寸，不宜貿然躁進，此即表示，全球體系的個別實體

19　C. Archer, op. cit., p.65.

20　R. W. Mansbach, Y. H. Ferguson & D. E. Lambert, *The Web of World
　　Politics*（NT: Prentice-Hall, 1976）, p.5.

(individual entities)之間的交往與互賴，不能理所當然地以其約定俗成的形態，去影響其他的行為者。

另外，魯塞與史塔爾(B. M. Russett & H. Starr)則認為，當代全球體系基本上係一種互動的集合體，且認為全球或區域體系仍然是不同層級行為者之間相互影響的主要元素。基本上，此一界定已指陳出，國際組織的功能與活動適合在國際(全球)或區域結構中發展[21]。

而自1815年的維也納會議迄今將近190年，國際組織伴隨國際體系與環境變遷，直到1989年冷戰結束之前，全球的政府間國際組織一直呈現增長趨勢，雖然1989年以後，政府間國際組織成長趨緩，且有減少的情況，不過，相反的，在非政府間國際組織方面卻不減反增。如本書前述，國際組織的角色主要是作為政策遂行的工具(instrument)、政策協調的平台(arena)，以及作為政策執行的行為者(actor)。

以國際組織作為政策遂行的工具而言，可謂為組織成立目的最主要的動機。尤其對於政府間國際組織，其成員均為主權國家，其彼此之間透過權力平衡的組織運作觀點，針對權力過度衍生的個別國家的獨立行動，加以規範限縮。其中，反映在外交政策方面至為明顯。

例如在聯合國成立初期，其存在幾乎主要是為了執行美國外交政策，美國在聯合國大會中依靠西歐國家，即以英國為主

---

21 B. M. Russett & H. Starr, *World Politics: The Menu for Choice*(San Francisco: W. H. Freeman, 1992), 4th edn., p.19.

的國協國家，以及拉丁美洲國家的支持，即獲得至少51個成員國中34個多數支持。在安全理事會中，美國僅面臨蘇聯否決權的挑戰。而當時的秘書長賴伊(Trygve Lie)(1946至1952年期間任職)係挪威籍、且親西方陣營，美國在此期間充分利用聯合國，作為約束蘇聯在東歐地區活動的工具，阻止蘇聯入侵北伊，催生了印尼與以色列的建國，並成立多國武裝部隊，協助南韓抵禦北韓及中國共產黨的入侵，阻止中共以北京政權取代台北在聯合國的席次等。

　　不過，相較於美國，蘇聯也動用若干在安理會中享有否決(veto)的權利，特別是蘇聯於1950年在安理會中缺席，使得美國可以動用聯合國的資源與力量介入韓戰，蘇聯從中得到教訓與經驗，往後均出席安理會，藉以發揮否決權的效力。

　　隨著聯合國政治版圖的重整，美國似乎無法再獨力而行、恣意而為。特別是第三世界國家開始將聯合國作為其外交政策執行的工具，蘇聯更積極地在1960年代，利用聯合國作為防禦利益手段，此一情形的發展，使得聯合國第二任秘書長、瑞典籍的哈瑪紹(Dag Hammarskjöld)(1953至1961年期間任職)即坦承，聯合國及其他國際組織應建立更具規範性的多邊協商，為政治家建構更多新機制，為各國政府發展新工具，以及為外交手段注入新技巧[22]。

22　A. W. Cordier & W. Foote(eds.), *Public Papers of the Secretaries-Gerneral of the United Nations*, Vol.2, Dag Hammerskjöld 1953-1956(London/New York: Columbia University Press, 1972), p.661.

又如在國際組織的決策過程與決策機制觀察，也經常是依循其國內政策(the pursuance of national policies)的結果，大部分的國際組織將不會做出既約束成員國，又不利於成員國的決議。例如在聯合國大會，只有決議案(resolutions)始具有建議效力；安理會決議案必須跨越3/5多數決(即15票中的9票)始能構成，也才能形成常任理事國動用否決權議案。

再以國際組織作為政策溝通的平台而言，基本上，其角色扮演的是一項論壇(forum)機制的建立，使其成員國可以透過此一機制，共同協商、討論、合作或辯論。例如，葉塞爾森(Yeselson)與加利歐訥(A. Gaglione)等人不僅將聯合國視作是國際政治舞台的武器，甚至是一個「競技場」(an arena for combat)[23]。

例如我國於2002年1月1日成為世界貿易組織第144個成員體之後，對於在國際經貿體系中的雙邊與多邊協商將更直接，與中國大陸的貿易爭端，也可藉由世界貿易組織為協商機制，就雙邊問題透過商務仲裁或透過調解等方式進行；又如亞太經濟合作會議(Asia-Pacific Economic Cooperation，簡稱APEC)作為論壇角色，為該區域的21個經濟體(economies)，提供經濟政策區域發展的交流平台。

最後，就國際組織作為國際體系獨立行為者角色而言，「獨立的」(independent)或「自主的」(autonomous)的形容詞均曾受到討論。就獨立的角色而言，其意義在於國際組織可以完全不

23　A. Yeselson & A. Gaglione, *A Dangerous Place: the United Nations as a Weapon in World Politics*(New York: Grossman, 1974), p.3.

受外在力量的介入，在國際舞台上獨立行動，就如同是一個獨立的主權國家一樣；不過，大部分的國際組織均無法完全承繼此一國家角色。

至於自主的角色，則主要源於德意志（Karl Deutsch）的見解。依據德意志的觀點，國際組織的反應是不可預期的，或者其反應主要根源於對國際環境的認知，因此，國際組織將在其組織範圍內，建立一個穩定以及可以凝聚內部共識的決策機制，予以因應。此一觀察，基本上反映了大部分的國際組織行為的現況[24]。不過，國際組織若想發揮其行為者的能力，則必須具備具授權的組織機構（institutions），藉其通過的各種決議、意見、法案，及建立的規則或命令，採取行動。

此外，許多著名的非政府間國際組織具有強烈的集體組織認同，此類組織作為行為者，其能力可能更甚於其成員的政府。例如國際紅十字總會、國際特赦組織，其成效可能遠甚於聯合國之人權委員會。又如國際自由工會聯盟（International Confederation of Free Trade Unions）、世界勞工聯盟（the World Confederation of Labour）、國際標準組織（International Organization of Standardization）、國際商業會議（International Chamber of Commerce）、國際合作同盟（International Co-operative Alliance），以及世界國家聯合協會聯盟（World Federation of United Nations

24　K. Deutsch, "External Influences in the Behaviour of States", in R. B. Farrell（ed.）, *Approach to Comparative and International Politics*（New York: Free Press, 1966）, p.7.

Associations)等非政府間國際組織,則亦大抵透過其國內,以及與政府間國際組織的關係網絡(例如經濟暨社會理事會、國際勞工組織、聯合國教科文組織,以及世界糧食與農業組織)等進行活動,並且對其政府構成甚大的壓力。

至於在政府間國際組織的部分,則反映出不同的行為特質。例如歐洲煤鋼共同體的成立,是基於超國家(supranational)的組織性格,其所成立的「最高總署」(High Authority)機構,基本上是獨立超然於各個成員國政府,雖然其代表係接受各個成員國政府的任命,不過,渠等可以依據巴黎條約所賦予的職權,制訂共同的煤鋼政策,而各成員國也不具備有否決權的特殊設計,其所通過的政策或法案,直接適用於共同體的產業。

歐洲煤鋼共同體的法庭也可以依涉及共同體有關事項判決的案例,其決定(decisions)亦適用於共同體的其他機構,或個人、企業及成員國政府等。因此,在共同政策上,共同體法律效力有優於成員國政府法律效力的特質。

相較於歐洲煤鋼共同體,聯合國的國際法庭(International Court of Justice,簡稱ICJ),其結構特徵基本上係防止任何對法律的干預,其法官雖由聯合國成員國所任命,但彼者並非代表其成員國,其判決係依世界法律潮流,而非其國內法獨立審制,不受命於其所屬國政府的任何指示。類此兩個政府間國際組織的行為能力,不僅展現組織行為的獨立性,同時也對組織所賦予的職權(competence/authorities),具有實質的運作成效。

以現今歐盟機構歐洲法院(European Court of Justice,簡稱ECJ)而言,其所頒布的法律措施除了一般建議(recommendations)

或意見（opinions）之外，其餘諸如規則（regulations）、準則（directives），以及決定（decisions）等，均具有法律約束效力，對其所屬組織機構，及其成員國政府等團體或個人等，均在法律效力範疇之內。

此外，聯合國維持和平部隊（UN Peace-Keeping Force）於1948年，以及聯合國緊急部隊（UN Emergency Force，簡稱UNEF）於1957年成立運作到1995年為止，總計超過70個成員國的參與，投入超過60萬名士兵，在全球27個衝突區域，採取維持和平的措施。

1940年代末期，聯合國安理會與大會即派遣和平觀察團，赴希臘（UN Special Committee on the Balkans，簡稱UNSCOB）、巴勒斯坦（UN Truce Supervisory Organization，簡稱UNTSO）、喀什米爾（UN Military Observer Group in India and Pakistan，簡稱UN MOGIP），以及印尼（UN Commission for Indonesia）等國家地區。

近年來，在後冷戰時期，聯合國在世界各地成立超過35個以上的維和機制，例如1992至1995年在波士尼亞（Bosnia）及赫最哥維那（Herzegovina），成立「聯合國保護部隊」（UN Protection Force，簡稱UN PROFOR），1995至1996年在克羅埃西亞（Croatia）成立「聯合國信心恢復軍事作業」（UN Confidence Restoration Operation in Croatia，簡稱UNCRO）、1995至1996年在馬其頓（Macedonia）成立「聯合國防止武力分散」（UN Preventive Deployment Force，簡稱UN PREDEP）等，均可見聯合國對於世界和平的維持，以及解決區域衝突的努力（請詳見表4-9及表

4-10)。

表4-9 截至2000年爲止,聯合國維持和平部隊已完成任務的區域分布與機制

區域	國家	維和機制
非洲地區	剛果	ONUC(1960-1964)
	安哥拉	UNAVEMI,II,III(1989-1997)、MONUA (1997-1999)
	那密比亞	UNTAG(1989-1990)
	莫三比克	ONUMOZ(1992-1994)
	索馬利亞	UNOSOMI, II (1992-1995)
	賴比瑞亞	UNOMIL(1993-1997)
	盧安達	UNAMIR(1993-1996)
	獅子山(Sierra Leone)	UNSOMSIL(1998-1999)
美洲地區	中美洲	ONUCA(1989-1992)
	薩爾瓦多	ONUSAL(1991-1995)
	海地	UNMIH(1993-1996)
		UNSMIH(1996-1997)
		UNTMIH(1997)
亞洲地區	西新幾內亞	UNSF(1962-1963)
	印度─巴基斯坦	UNIPOM(1965-1966)
	阿富汗─巴基斯坦	UNGOMAP(1988-1990)
	高棉	UNAMIC(1991-1992)、UNTAC(1992-1993)
	塔吉斯坦	UNMOT(1994-2000)
歐洲地區	克羅埃西亞	UNCRO(1995-1996)、UNTAES(1996-1998)
	前南斯拉夫	UNPROFOR(1992-1995)
	馬其頓	UNPREDEP(1995-1999)
中東地區	以埃之間西奈半島	UNEF I(1956-1967)
		II(1973-1979)
	伊朗、伊拉克戰爭	UNIMOG(1988-1991)

資料來源:Completed Peacekeeping Operations, UN Website, http://www.un.org/ Deps/EPKO/p.miss.htm.

表4-10　截至2001年為止，尚在任務執行中的聯合國維持和平部隊的區域分布與機制

區域	國家	維和機制
非洲地區	西撒哈拉	MINURSO(1991.4-)
	獅子山	UNAMSIL(1999.10-)
	剛果民主共和國	MONUC(1999.11-)
亞洲地區	印度—巴基斯坦	UNMOGIP(1949.1-)
	東帝汶(East Timor)	UNTAET(1999.10)
歐洲地區	塞浦路斯	UNFICYP(1964.3-)
	喬治亞	UNOMIG(1993.8-)
	波士尼亞、赫塞哥維那	UNMIBH(1995.12-)
	克羅埃西亞	UNMOP(1996.1-)
	科索伏	UNMIK(1999.6-)
中東地區	以色列—巴勒斯坦	UNTSO(1948.6-)
	以色列—敘利亞之間格蘭高地(Golan Heights)	UNDOF(1974.6-)
	黎巴嫩	UNIFIL(1978.3-)
	伊拉克—科威特	UNIKOM(1991.4-)

資料來源：Current Peacekeeping Operations, UN Website, http://www.un.org/ Depts/DPKO/c_miss.htm.

　　基本上，前述國際組織的三個重要角色彼此相需相成，無法個別看待。聯合國的例子，顯示1940、1950年代作為政策的工具與執行的行為者，1960年代又提供作為一個論壇角色的平台，即可見一斑。對於其他的政府間國際組織與非政府間國際組織而言，也大致上承擔了其中的兩個或三個角色。

　　例如，早期的歐洲共同體，法國積極參與，並調整對德國的政經發展政策，以換取德國對法國農業政策發展的支持，同時，德國也將歐洲共同體視為其市場發展的重要管道(通路)，

並獲得自二次大戰失敗後的其他西歐國家的寬容對待。

今天的歐盟，其發展策略不僅一則要擴大成員國版圖，再則要深化統合政策，除了共同農業、商業、競爭貨幣政策之外，更積極建構共同外交與安全政策（CFSP）、共同司法與內政政策（JHP），以為未來的政治統合道路做準備。而其機構，除了部長理事會外，如執委會、歐洲議會及歐洲法院等，均已展現其獨立於成員國國內政府之外的行為能力。

又如非政府間國際組織的「世界教會大會」，雖然也遭遇若干非洲或歐洲地區較激進教會支持自由解放運動的思潮，世界基督會議仍然提供給所有成員呈現不同觀點的平台角色，甚至其秘書處有時也在尚未聽取成員體意見之前，即已獨立採取行動，雖然在某種程度上，令其多數成員感到不悅，不過，這種情形並不多見。

阿契爾根據國際組織三個角色的綜合觀察，提出了幾項通則化的解釋：

1. 假如一個國際組織條約或協定，建構一個較不受其成員國干預的機構，並賦予較強的職權，則該組織所扮演的角色將較具獨立性，例如1950年代的歐洲煤鋼共同體。

2. 假如其成員國在條約或協定採取自衛性，以防止機構強化的措施，則基本上該組織的角色僅作為彼此間的論壇，或僅作為若干成員國政策推廣的工具，例如1960年代以英國為首所建立的「歐洲自由貿易協會」（European Free Trade Association，簡稱EFTA）。

3. 一個國際組織由一個主要強權國家所支配，則該組織較

容易成為霸權的御用工具，例如前蘇聯之於華沙公約組織。

4. 成員國的數量多寡，也可能構成一個國際組織行為能力與角色發揮的限制。在大部分的政府間國際組織成員數量較多者，較諸成員數量較少者，更難扮演一個獨立行為者的角色，而變成僅作為觀點辯論之論壇。前者如聯合國，後者如歐盟的發展，成員國數量愈多，愈形成統合的困難，逐漸變成「多種速度統合」的歐盟[25]。

　　至於國際組織的功能，許多國際政治研究者喜歡以政治系統理論（political system theory）加以闡釋[26]。渠等將國際組織視為一個政治系統，其輸入變項（inputs）即是組織成員的需求與支持，藉由組織的運作與轉換過程（conversion），形成輸出變項（outputs），即決策。該項決策將影響國際關係體系成員的價值系統與分配，進一步導致系統的反饋功能（feedback）。

　　若再將此一體系仔細分析，國際組織的輸入，需要成員國最高行政機構、利益團體，及各級專家，甚至媒體、公意輿論的需求與支持；而在組織體系的轉軌過程中，可分為計畫性決

25　C. Archer, op. cit., pp.91-92.

26　Klaus Schubert, *Politikfeldanalyse*（Opladen: Leske & Budrich, 1991）; C. Boehret, W. Jann & E. Kronenwett, *Innenpolitik und Politische Theorie-Ein Studienbuch*（Opladen: Leske & Budrich, 1988）; G. Almond & G. B. Powell, *Comparative Politics: A Developmental Approach*（Boston: Little, Brown, 1996）.

策(如透過政府間的談判、組織的多數決票決程序等),以及操作性決策(如理性投票、官僚協商,以及規範性決策過程等)兩類;最後形成政策的產出,其中包括決策或政策的綱領、組織活動資訊的擷取與告知,以及組織活動的展開等(請參見圖4-4)。

若以伊拉克入侵科威特事件作為案例分析,伊拉克軍事干預科威特的國家主權與領土完整性,國際社會及聯合國安理會紛紛譴責伊拉克,並準備對其採取必要的手段(輸入項),幾日後,安理會決定採取經濟制裁措施,亦算是對國際社會的一種回應(輸出項)。對於類此將國際組織以政治系統的運作角度觀察其功能,基本上是反映了「政體」(polity)/「國際組織」、「政略」(politics)/國際組織的運作體系,以及「政策」(policy)/國際組織的運作成效等,環環相扣的分析單元。

根據此一體系,阿契爾將國際組織的功能綜合成九項,茲略述如後[27]:

(一)利益聯結與匯聚功能(articulation/aggregation)

基本上,國際組織可以三種途徑操作此一功能:

1. 將國際組織設計成可以利益匯集的組織體,即制度上的工具。
2. 以論壇的形式,討論利益聯結議題。
3. 組織的成員彼此之間個別利益的聯結。

27　C. Archer, op. cit., pp.94-108.

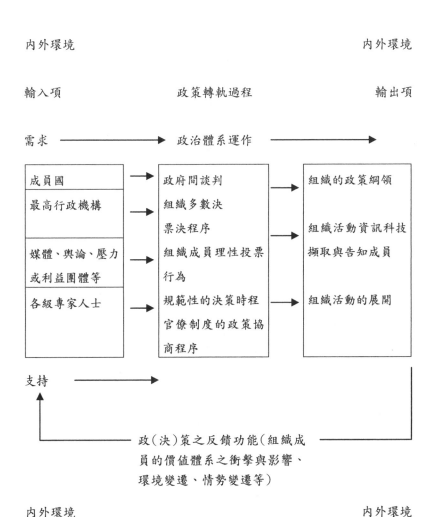

圖4-4　國際組織的政策體系形成

資料來源：V. Rittberger, op. cit., pp.85-150.

許多非政府間國際組織即是典型的將組織作爲利益御用工具，例如世界猶太大會（World Zinist Congress）、國際航運會議（International Chamber of Shipping）、世界團結戰鬥大會（Campaign for a World Constituent Assembly)等；又將組織作爲論壇功能，以聚合成員利益的組織，例如世界教會大會、亞太經濟合作會議等；其他政府間國際組織，諸如世界貿易與發展會議、77國集團、國際勞工組織等，均具備此一功能。

（二）規範性功能（norms）

例如聯合國憲章揭櫫了世界體系的共同價值，甚至聯合國大會於1948年12月通過「世界人權宣言」(Universal Declaration of Human Rights）；在經濟性事務的國際組織，如世界貿易組織亦建立世界市場自由準則、規範世界經濟新秩序，以及1944年布雷敦森林體系所建立的國際貨幣金融秩序等。

傑克森（Harold Jacobsen)將國際組織的規範性功能歸納爲五項，分別是：

1. 反對使用武力原則：例如美洲國家組織、非洲團結組織、阿拉伯聯盟等。

2. 去西方殖民化原則：例如亞非人民團結組織（Afro-Asian Peoples's Solidarity Organization）。

3. 特殊情勢之宣言：例如聯合國對葡萄牙殖民主義的聲明、美洲國家組織反對古巴與支持美國聲明、北大西洋公約組織反對蘇聯入侵匈牙利、捷克、波蘭及阿富汗聲明，以及對巴爾幹半島與南斯拉夫局勢的聲明等。

4. 裁軍與軍備管制規範：例如聯合國設置裁軍委員會、美蘇冷戰期間簽訂的雙邊戰略性武器裁減談判，以及多邊的協定，如1963年的大氣、外太空及水底核子武器試驗公約（the Treaty Banning Nuclear Weapon Tests in the Atmosphere, in Outer Space, and Under Water）等。

5. 促使成員國使用武力之規範：例如北大西洋公約組織即規範選擇性集體軍事防禦，並在特定的層級上可以使用武力等[28]。

（三）招募或接納新成員（recruitment）的功能

大部分的政府間國際組織及非政府間國際組織，均具有此功能。

（四）社會化（socialization）的功能

特別指涉組織成員對組織忠誠度（loyalty）的問題。以政府間國際組織而言，歐盟可堪謂為最典型的組織社會化的工具。透過其主要機構的運作，「共同體精神」（Community Spirit）逐漸被形塑，各成員國的政府、利益團體、民間或個人，均可與歐盟概念聯結。

組織社會化的功能，尚可對一個成員國在國際社會的角色扮演上，發揮一定的影響力，一個成員國可能接受一個組織共

---

28 H. K. Jacobsen, *Networks of Interdependence: International Organizations and Global Political System*（New York: Alfred A. Knopf, 1979）.

同價值信仰的系統，而決定其國際作為。例如，1917年蘇維埃的布爾什維克(Bolshevik)政府揚棄「資產主義外交」(bourgeois diplomacy)路線後，在國際社會處於孤立狀態，重新思考改變外交路線，以獲取國際商業利益，並藉由雙邊協定方式加入國際聯盟。

不過，類似國際聯盟或聯合國的組織，其本質上是志願性的聯合。因此，一般國家不會被強迫成為成員，或被迫保留其成員資格，相對的，類似此類組織對其成員的社會化功能就薄弱許多。前者，如1939年蘇聯入侵芬蘭也同時退出國聯；後者則諸如以色列在取得(take over)耶路撒冷及格蘭高地後，受到黎巴嫩入侵；南非實施種族隔離政策；烏干達的阿敏(Idi Amin)獨裁政權；柬埔寨的波爾布特(Pol Pot)獨裁政權；伊朗在1979年對美國大使館人員的人質事件；蘇聯入侵阿富汗；阿根廷在1982年占領福克蘭群島(Falkland Islands)事件，以及1990年伊拉克入侵科威特等，幾乎所有當事國均是聯合國會員國。此亦顯示，組織規範性強、且成員國忠誠度高的國際組織，其社會化的功能愈強，反之則愈弱。

(五)制訂規則功能

從組織規則的制訂與規範程度，當更能反映組織社會化的程度。與國內政治體系不同的是，一般國際組織並無類似一國「政府」或「國會」機構的設置。在較鬆散國際組織體系結構下，其所制訂的規則，塔普(Paul Tharp)曾以傳統的「邦聯」(confederal)觀點認為，國際組織的規則主要係根據其成員的一

致性(unanimous)，或接近一致性(near-unanimous)的共識爲基
礎。

　　不過，成員經常有其個別實際的考量因素，選擇退出組織
或不遵守既定的規則。甚至，在對成員國具拘束力的規定上，
一個成員國尚且可單邊解釋規定，以維護其自身權益。同時，
組織的行政官僚結構往往無權制訂規則，而其所謂的規則制訂
者，基本上受命於其成員國政府的指示，而無法獨立超然，最
後，大部分的國際組織與其成員國的公民大都無直接的關係[29]。

　　不過，當今歐盟的立法體系，卻有別於大部分的國際組織，
其兼顧政府間主義(intergovernmentalism)，例如部長理事會
(Council of Ministers)以及超國家主義(supranationalism)，例如
執委會、歐洲議會，以及歐洲法院的共同決策、合作的立法過
程，則超越了一般國際組織的立法規範功能。

(六)規則運行(rule application)功能

　　一般在國內政治體系規則的運行機構，大都屬於政府機
構，在國際政治體系方面，則主要是主權國家，因爲大部分國
際組織既無中央政府機制，也無具相當權限的代理機構足以運
作。不過，在政府間國際組織的國際原子能總署，非政府間國
際組織的國際紅十字總會、國際特赦組織，或國際各地的原住
民權利與人權壓力團體，對於監督聯合國世界人權宣言的執行

29　P. A. Tharp(ed.), *Regional International Organizations: Structures and Functions*(London: St. Martin's Press, 1971), p.5.

程度等較為例外。

此外，有些國際組織的規則運行規範屬於強制性質，例如聯合國憲章第7章，規範了對世界和平的威脅、破壞所可採取的強制性決定的措施等。不過，此一規定在美蘇兩極衝突的國際體系中甚少使用，其適用時機端視美蘇關係與態度而定。相對於此，歐盟的法律規範運作則相當程度反映了「聯邦」（federal）國家的特性，歐盟所制訂頒布的規則、準則或決定，具有相當程度的法律效力，甚且凌駕於各成員國的國內法律。

（七）規則審判功能（rule adjudication）

一般在國內相關的法令、規則，其審判機關主要是法院（庭）、陪審團（arbitration panel）、法官等，法官秉持其獨立的法律見解審判，不受政治因素干擾；不過，就國際組織而言，則一般較缺乏廣泛的法制機構設置，以及對成員國的強制性規範，因此充滿了妥協的色彩。例如二次大戰期間的國際法院常設法庭（Permanent Court of International Court，簡稱PCIC），嚴格言之，僅能視之為「邦聯化」的結構；不過，類似歐盟的歐洲法院，或歐洲理事會的歐洲人權法庭（European Court of Human Rights），在性質上其判決對其成員國較具拘束力。

（八）資訊傳遞功能

一般傳統上，國際組織的活動訊息，均透過成員國政府的外交部門的服務措施傳播。不過，二次戰後，由於政府間國際組織與非政府間國際組織數量的成長，再加上電子化的電訊交

流技術，目前國際組織的訊息與活動，大體上也因為資訊科技（information technology，簡稱IT）與網際網路的普及，而更加容易獲取。

（九）其他的組織運作成效

例如在金融財政的支持與援助方面，國際復興開發銀行（International Bank for Reconstruction and Development）、國際清算銀行（Bank for International settlements）、歐洲復興開發銀行（European Bank for Reconstruction and Development）等，或是提供國際援助（如世界銀行等聯合國專門組織）及人道性質的非政府間國際組織等均屬之。

從以上分析可以得知，國際組織不論是政府間國際組織或非政府間國際組織存在的現象，是當今國際社會不可忽視的事實，某些國際組織也承擔了一些傳統民族國家所無法獨力完成的任務，不論其角色扮演工作為工具、論壇，或是積極的行為者，不論其功能發揮是廣泛的或是限縮的，國際組織確已發展成國際體系中的重要環節。

尤其近年來，全球化與全球治理（global governance）理論的興起，更反映出許多問題已跨越國界而形成，並且非單一國家所能解決。根據1995年全球治理委員會（Commission on Global Governance）所下的定義：「治理是介於個人與機構之間、公私部門之間，管理其共同事務各種途徑的總體概念」。它是一種在衝突與分殊的利益之間，所採取的融通與合作措施的持續性過程。它包括被授權的國際機構以及建制（regimes）所採取的強制

性規範,以及人與機構之間對其利益協商或感知的非正式安排
等。

　　治理的觀點原僅限於政府間的關係,不過,現在對非政府
間國際組織,也因為跨國公司、全球人員的流動、資金市場的
互動,而產生相當的衝擊。對此,國際建制(international regime)
曾被形容為此一全球治理框架中的「工具箱」(tool-kits),而國
際建制本身,也被界定為一種國際組織(非政府間國際組織及政
府間國際組織)的行為者,彼此在明示或暗示性的原則、規範、
規則與決策程序下,成為願望與期待的匯聚場域。他們一則透
過協商談判建立「契約關係」,一則在此一治理關係網絡中,彼
此成為管理者與執行者。

　　由此全球治理的討論,也連帶引發全球性「公民社會」
(civil society)的興起,公民社會的興起實際上已對全球化的治
理組織要求更多的透明度(transparency),以及更多的責任感
(accountability)。不過,國際組織是否將因全球治理概念的衝
擊與要求,而進一步使其功能角色與運作顯得更具體或更有效
率,則仍然是一個莫衷一是與需要觀察的問題。

六、國際組織的體系與運作

　　從國際法角度審視國際組織的成立,其主要法律依據,即
是其成員國所簽署,並經其國內法定程序批准而生效的憲章、
條約、協定、公約,或決議。通常其內容應該涉及組織的機構,
及其職權分配、決策程序、成員國的權利與義務,以及組織的

目的宗旨與任務等。

　　不過，就其所規範內容做比較，以歐盟而言，國內、政府間乃至於超國家間的政策範疇、機構運作、水平與垂直職權的協調、執行步驟、授權程度等，均為詳細列舉的規定。但就聯合國組織或其專門組織的章程觀察，基本上均為其內部組織決策程序、組織任務的一般性、基本性與原則性的結構要素，較缺乏具體的具有行動能力的計畫設計。

　　一般對於國際組織存在法律基礎的改變因素有二：一是正常依組織規定程序所做的修正，另一個是依實際發展情形所做的修正。前者如聯合國組織章程第108與109條，即訂定有對章程、個別條款局部或全部修正的可能性；又如在歐盟條約第236至238條對此亦有相關的規定。正常的情形下，在經過所有成員國參與的政府間會議（Intergovernmental Conference，簡稱IGC）的同意基礎上，得修改歐盟條約，甚至對新成員國的加入，以及對與第三國家簽署的聯繫協定（association agreements）等，也可做條約修正。例如1987年的單一歐洲法（SEA）、1992年的馬斯垂克條約、1999年的阿姆斯特丹條約，以及2001年的尼斯條約（The Nice Treaty）等。至於後者屬於非正式的條約內容變遷，並非一般國際法正常有效的法律約束範圍，而係屬於不成文法概念的例外情形。例如聯合國託管理事會，因為殖民化政策的背景，使其不復存在的意義與價值即是一例。

　　觀察一般國際組織的體系，大體上可包含所有成員國參與的最高權力機構——大會（General Assembly）；經常性的監督，以及作為大會會議籌備的行政權力機構——理事會（Council）或

執行委員會（executive council/commission）；行政總部——秘書處（secretariat），設有秘書長及其他成員；法院性質機構作為調解爭端機制；議員大會（直接選舉或由成員國國會議員兼任）；以及可代表各層級意見（例如各成員國中央政府以外的次級、區域或地方機關或各級社團）的機構等。

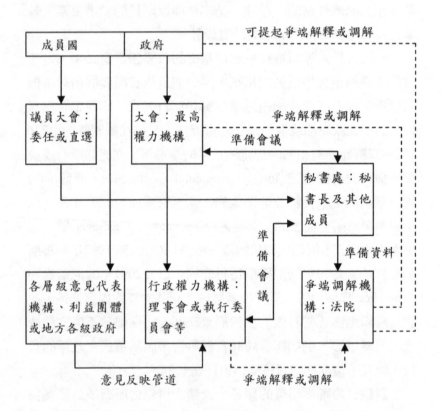

圖4-5　國際組織的體系結構

(一)組織體系

　　首先，就國際組織的大會機構（plenary organ），基於主權原則，所有參與成員國地位平等，且均由成員國政府代表行使其權力。例如，聯合國大會或是歐盟的部長理事會。一般而言，大會可視之爲國際組織的最高權力機構，對於決策規則的運作與運作原則，各組織之間有其不同的方式。假若一個國際組織的決策程序愈傾向以「一致性」決議，作爲大會表決的主要工具，則決策愈是困難。

　　具體的例子出現在歐洲共同體，於1966年法國爲杯葛歐洲共同體農業政策所採取的「空椅政策」──即不出席會議政策，迫使歐洲共同體在對攸關成員國國家重大利益的表決，在未取得成員國一致性意見之前，應尊重成員國的國家意見，即不應僅仰賴於多數成員國的利益考量，此即歷史上著名的「盧森堡妥協」（Luxembourg Compromise）。

　　相對的，採取多數決的決策程序則優劣互見，其優點是較能促進組織決策效率，缺點是許多成員國家的自主性與意見，將葬送在多數決手中。許多國際組織也設計有所謂「條件多數決」（qualified majority），即一般的2/3多數決作爲補充。例如歐盟在部長理事會的決策，即設計此一機制，就是在決策總票數的87張中，至少要達到62張票，始能通過議案，亦即15個成員國中的10個成員國同意始有可能。

　　另一種是所謂的共識決（consensus），例如聯合國大會主席即經常以此方式通過議案，取代形式上表決程序。在此一最高

權力機關成員國的票數，有依成員國土地面積大小及人口比例多寡決定，亦有依成員國經濟實力決定，前者如歐盟部長理事會，後者如國際貨幣基金與世界銀行的首腦董事會（Board of Governors）。

至於會議的舉行方面，聯合國大會每年自9月到12月至少舉行一次，所有成員國代表一張投票權，大會審議及批准聯合國的預算，同時與安全理事會共同選舉聯合國秘書長。此外，也可通過不具拘束力的決議案，以表達對國際問題的觀點。基本上，其決策若為一般普通議案，則以出席及投票的成員國數的簡單多數決（即過半數決）進行。不過，對於聯合國章程所訂的相關「重要」問題，則需要2/3多數決。

至於國際貨幣基金及世界銀行的決策基礎，則在於一套圓融的投票法。也就是每個成員國皆擁有250張基本票數，每張票依照成員國的資金比例（世界銀行），或國際貨幣基金的特別提款權（special drawing rights，簡稱SDR），針對成員國的國內收入、貨幣準備金、貿易平衡，以及其他經濟指標等加以分配，成員國的募捐比例與其投票票數成正比，也決定了該成員國自國際貨幣基金可取得的財政資源，及其在特別提款權中的分配數。依照國際貨幣基金特別抽籤法的算法，每張基本票代表10萬張分配數。因此，主要出資成員國，尤其是美、日、德、法、英等國，在國際貨幣基金與世界銀行的董事會決策體系中，具支配性角色。

對於資金額度與比例變更的議案，原則上需要條件多數決（QMV）（約85%門檻），不過，由於美、歐大國的支配關鍵，將

可依其想法阻止該等議案通過，即形成所謂的「少數封鎖」，或是「變相否決」。

比較值得一提的是，有關歐盟部長理事會的決策程序。部長理事會係歐盟最主要的決策機構，成員直接由各成員國代表，其決策主要依據行政機構──執行委員會的提案，並同歐洲議會的意見表示、協商合作而形成。會議代表主要視議題而定，例如稱農業部長理事會或交通電訊部長理事會等。一般外交、經濟及財政(合稱ECOFIN)與農業議題，每個月舉行一次會議。

根據羅馬條約的規定，歐盟(前稱歐洲共同體)的投票方式，主要有簡單多數決、條件多數決及一致決等三個種類。目前各成員國的票數分配如下：德國、法國、英國、義大利各10票；西班牙8票；比利時、希臘、荷蘭及葡萄牙各5票；奧地利、瑞典各5票；丹麥、芬蘭及愛爾蘭各3票；盧森堡2票，總計87票張票。

條件多數決必須要擁有62張票的支持，始能通過議案，換言之，若擁有26張票數，即足以抵制議案的通過。一般諸如涉及共同市場人員、貨物、勞務、資金四大流通的政策，大體以簡單多數決即可通過。一致決則涉及特定的政策領域，如間接稅、健康與安全立法、動物醫療管制、環境保護、移民規則、防恐怖主義等。1999年5月1日生效的阿姆斯特丹條約，則擴大了條件多數決的適用範圍。

此外，1987年的歐洲單一法，規定了歐盟決策的「合作程序」(cooperation procedure)，根據此一程序，部長理事會以條

件多數決通過的議案,基本上需要獲得歐洲議會的同意,假若
歐洲議會拒絕部長理事會的共同立場(common position),則議
案將須在二讀程序之際,獲得部長理事會的一致決。假若歐洲
議會做出意見修正表示,則議案將須由提案者執委會重新審視
後,再交由部長理事會決議。

　　1993年生效的馬斯垂克條約,則爲歐盟的決策建構了「共
同決策程序」(co-decision procedure),此一程序使得歐盟的決
策將進入三讀程序階段,並設立一個「調解委員會」
(Conciliation Committee),此一委員會由部長理事會與歐洲議
會代表組成。共同決策程序使得歐洲議會、部長理事會及執委
會三足鼎立。1999年5月的阿姆斯特丹條約簡化了此一程序,
並擴大適用範圍。

　　2001年的尼斯條約,因應未來歐盟持續向中東歐地區國家
擴大所帶來的各種改變,未來歐洲議會席次、執委會組成、部
長理事會的條件多數決的定義,均將有所轉變。例如歐盟執委
會的席次,原來各占有兩名執委會委員(Commissioner)的英國、
法國、德國、義大利、西班牙五大成員國,將與其他成員國一
樣,各只擁有一名執委會委員。而部長理事會的決策票數也將
改變如下:英國、法國、德國、義大利各29票;西班牙27票;
荷蘭13票;希臘、比利時、葡萄牙各12票;瑞典、奧地利各10
票;丹麥、芬蘭與愛爾蘭各7票;盧森堡4票,總計237票,條件
多數決的門檻須爲169票(約71.3%)[30]。

30　歐盟自1994年起,陸續與中東歐地區國家波蘭、匈牙利(1994)、捷

(二)行政權力體系

　　再者，就國際組織的行政權力機構而言，一般係指最高權力機構與決策體系的縮影。其成員一般由成員國直接代表者為數甚少，大部分皆屬輪替或選舉方式產生。類此機構可設常設與非常設代表，例如聯合國的安全理事會具有5個享有否決權的常任理事國，又如國際勞工組織的行政理事會（executive council），每年於日內瓦集會三次，以決定該組織的政策與計畫。其成員包括政府代表28名、產業雇主代表14名、勞工代表14名。政府代表其中的10席，主要是保留給10個最重要的產業國家（包括巴西、中國大陸、法國、德國、印尼、義大利、日本、俄羅斯、英國與美國），另外18席，則每三年由其他的165個成員國選舉產生。行政體系機構的開會次數，一般較大會等權力機構頻繁，其任務主要在於持續性監督大會，或決策機構決策的執行與運作。

　　當然，就國際組織的最高權力機構，與行政權力機構的權限畫分觀察，大部分的重要職權均在行政權的機構，當協商的

克、羅馬尼亞、保加利亞、斯洛伐克(1995)、愛沙尼亞、立陶宛、拉脫維亞(1998)、斯洛維尼亞(1999)簽署具準會員國性質的「歐洲協定」(Europe Agreement)；並與南歐地中海區域的土耳其、馬爾他及塞普勒斯等國簽署「聯繫協定」(association agreement)。其中塞普勒斯、波蘭、匈牙利、捷克、愛沙尼亞及斯洛維尼亞等六個國家，將可望於2004年5月成為歐盟第五次擴大的成員國，屆時，歐盟將可能增加到21個成員國。

成員數目愈少，基本上愈容易形成決策，但是相對的，決策執
行的困難度也會伴隨而來。因此，兩者之間通常會在決策形成
與執行品質之間，取得妥協。不過，大部分區域性的國際組織
並不存在此一問題，主要原因是其成員國數目尚稱有限，除了
大會等權力機構的設置，再針對行政權力機構進行成員代表的
限縮，已無實質意義。

但是，這對歐盟而言又是一個例外。歐盟在部長理事會之下
設置一個「常設代表委員會」（Committee of Permanent
Representatives，簡稱COREPER），由各成員國駐歐盟大使所組
成，目的是協調專業政策，與準備部長理事會的會議。常設代表
委員會可謂為部長理事會與執委會之間的重要溝通窗口。

相對於此，由於國際組織屬於全球性，其成員遍及各洲，
因此，大會機構與行政權力機構基本上是並存的。聯合國及其
專門組織即是如此，通常其行政權力機構的設置，係基於功能
性的考量，例如安全理事會以維持世界和平的國際秩序為主；
經濟暨社會理事會（ECOSOC）則以處理國際經濟、社會及文化
的問題為主；託管理事會則以監督聯合國非殖民化政策的落實
為主。

其次，國際組織的秘書處或類似辦公室，作為日常業務處
理機構，也是不可或缺的要素。相較於前述權力機構，秘書處
人員大體上均非各國成員國政府的代表或委任，相對的，其工
作也不受任一成員國政府的指示行事。

近年來，秘書處的角色也從原來的僅作為會議籌備等日常
技術性服務功能的機構，逐漸蛻變到甚至可在組織的政策形成

過程中發揮其影響力，特別是若干組織的秘書長，在國際社會所發揮的影響力，確實非常巨大。例如聯合國秘書處工作人員，不僅應具備相當合格的工作資格，同時也考慮依地緣政治的因素加以分配，由於其工作性質係全球性，因此，每一位工作人員的工作意識，均應獨立於其所屬國家之外。

　　至於聯合國秘書長，則係依聯合國安理會的建議，由大會選舉產生，任期五年。根據聯合國憲章第97條規定，聯合國賦予秘書長針對當今國際重要問題的發言權，第99條更規定，安理會就世界和平的維持，以及當國際安全秩序遭受破壞的議題，得尊重採納秘書長的意見。尤其是在冷戰時期，聯合國維持和平（peace-keeping operation）的任務也交由秘書長負責，秘書長則每年一次向大會提出工作報告。聯合國歷任秘書長為：賴伊（Trygve Lie）（挪威籍，1946-1953）；哈瑪紹（Dag Hammarskjöld）（瑞典籍，1953-1961）；宇譚（U Thant）（緬甸籍，1961-1971）；華德翰（Kurt Waldheim）（奧地利籍，1972-1981）；裴瑞茲（Javier Perez de Cuellar）（秘魯籍，1982-1991）；蓋里（Boutros Boutros-Ghali）（埃及籍，1992-1996）；現任秘書長是安南（Kofi Anna）（迦納籍，1997-）。

　　另一類型的行政機構較為特殊，具有法定提案權，例如歐盟的行政機構執行委員會（commission）即屬之。歐盟的決策機構部長理事會所做的決策，必須依賴執委會的提案。換言之，執委會若無提出任何提案建議，則歐盟將無任何決策可言。因此，某種程度而言，執委會可謂是歐盟統合的發動機。同時，執委會也有別於部長理事會的政府間主義的協商形式，其代表的是

超國家主義的統合政策執行與監督的機構。

目前執委會計有20位委員，主要由成員國協商代表該國出任，任期5年。執委會現任主席為義大利籍的普羅迪(Romano Prodi)，其地位形同秘書長(Secretariat General)；副主席有2位，分別是英國籍的金諾克(Neil Kinnock)，以及西班牙籍的帕拉希歐(Loyola de Palacio)。成員國至多只能擁有2席委員席次。執委會將其工作範疇分成以下三大類：

1. **統合政策類**：包含農業、競爭、經濟暨財政、教育暨文化、就業暨社會事務、能源與交通、企業、環境、漁業、健康暨消費者保護、資訊社會、內部市場、聯合研究、司法暨內政事務、區域政策研究、稅務暨關稅同盟等。

2. **對外關係類**：包含共同對外關係服務、開發政策、歐盟擴大、歐盟援助合作署(Europe Aid-Co-operation Office)、對外關係、人道援助(European Community Humanitarian Office，簡稱ECHO)、對外貿易等。

3. **對內服務類**：包含預算、反貪污辦公室(European Anti-Fraud Office)、會議服務、法律諮詢服務、人事與行政事項，以及翻譯服務等。

此外，國際組織並非均設置有法院機構或議員大會。一般所熟知的例子，諸如聯合國在海牙設立國際法庭。另外，歐盟在盧森堡也設置歐洲法院。聯合國的國際法庭係依據憲章第7條設置，具有獨立性的地位，由15個不同國籍的法官組成，經過聯合國大會及安全理事會的分開選舉產生，任期9年。其主要任

務是調解成員國之間的法律爭端，不過，必須在成員國承認其
具法律管轄的情形下始能生效。不過，其亦可在安理會、大會，
或其他專門組織的請求下，做出法律解釋。

　　至於歐洲法院的主要工作，在於確保歐盟條約是否被成員
國遵守，並對法律疑義提出解釋與應用。目前有15名法官及9名
總辯護官（Advocates General），均由成員國政府任命，任期6年，
可連任。歐洲法院院長由法官中選舉產生，任期3年，可連任。
其審判工作主要設置6個法庭（Chambers），每個法庭設庭長1
人，法官2至4人。另外，在議員大會部分，主要設置的國際組
織有歐盟、歐洲理事會、西歐聯盟，及歐洲安全暨合作組織。
不過，除了歐盟的歐洲議會之外，其餘的議員大會大抵均僅具
諮商性的功能。

　　歐洲議會自1979年以來，即由歐洲共同體公民直接選舉產
生，議員任期5年，其職權最初亦僅具聽證（諮商）權，與預算程
序的共同參與權。1987年由於單一歐洲法生效，歐洲議會的議
員職權擴大，具有對實施內部市場的法律（案），藉由共同合作
程序，取得更多的立法參與空間。1993年馬斯垂克條約生效，
歐洲議會又藉由「共同決策程序」，取得更具實質的立法共同決
策權。同時，歐洲議會亦具有對歐盟新成員國的加入、簽訂的
聯繫，或準會員國協定，以及對執委會的成員、主席同意權的
行使等權力。

　　目前歐洲議會共計有626名議員，9個黨團，最大的兩個黨
團為歐洲人民黨（Group of the European People's Party），計有232
名議員，其次為歐洲社會主義黨團（Party of European

Socialists），計有181名議員。同時，歐洲議會因應歐盟統合政策
需要，設有20個常設委員會。

政府間國際組織其機構體系，大致上由其成員國政府代表
或人員組成之外，若干政府間國際組織亦有一般民間利益團體
涉入，例如國際勞工組織即具有工會、雇主及政府成員三角代
表；歐盟的經濟暨社會委員會，即包括雇主、雇工，及其他組
織的利益團體代表；又如部分非政府間國際組織在聯合國經濟
暨社會理事會中，亦具有觀察員或諮詢的地位，例如國際特赦
組織，或綠色和平組織等。

（三）決策運作模式

如前所述，若將國際組織視為一個「政體」，則其運作體系
的設計與方式，可視之為「政略」，經其運作與決策的產出，始
能構成「政策」。因此，當國際組織被建構，若欲觀察其成效，
則有必要對其組織的決策過程與運作模式進行探討。對此，里
特伯格（Rittberger）依據威爾遜（J. Q. Wilson）、李斯特（F. K.
Lister）以及艾利森（G. T. Allison）等人的研究，歸納出國際組織
的五種決策模式[31]，分別是：利益團體辯論模式、多數決決策模

31　V. Rittberger, op. cit., pp.118-134; James Q. Wilson, *American
Government-Institutions and Policies*(Lexington: Toronto, 1986),
3rd. ed., pp.428-442; Frederick K. Lister, *Decision-Making
Strategies Few International Organization: The IMF Mode*
(Denver:1984), pp.11-12; Graham T. Allison, "Begriffliche Modelle
und das Wesen der Entscheidung", in Helga Haftendorn(ed.),

式、理性投票模式、組織內部程序性決策流程模式，以及官僚
談判模式。茲簡述如下：

1. 利益團體辯論模式

原則上，在一般國家的立法過程中，大體上皆存在社會團
體或壓力（利益）團體，就與其切身的利害議題，對其國會或政
府機構進行實質接觸，國家的決策機構僅能在某種程度上，依
利益團體的重要性，及其代表的意見，做適當的政策產出。

就國際組織而言，國家及其政府代表，事實上即成為國際
組織決策主體。就單一成員國的政府政策而言，即可視為其在
國內經由利益團體，或其他團體的意見匯聚之結果。此一政策
再經由國際組織國家與國家間、政府與政府間的諮商談判程
序。通常國際組織的最高行政權力機構，即成為匯聚各種意見
的協調者，或代理掮客。

具體的例子，包括歐盟農業政策的決策過程，以及聯合國
有關氣象公約、生物多樣性公約等簽訂，均須依政府間的談判
過程加以解決。

2. 多數決決策模式

主要將目標放在受決策影響成員國的利益方面，與利益團
體辯論模式不同的是，比較強調取得決策選擇的多數同意，而

並非受限於尋求政策妥協,或試圖達成折衷的談判協議。

　　就國內決策機構(如政府與國會)在此一模式而言,將不再扮演人民的代理人角色。但就國際組織而言,此一模式意味著決策需要仰賴成員國的多數同意。

　　具體的例子,包括許多聯合國關於人權保護、新經濟秩序等議案,或甚至在蘇聯入侵阿富汗的軍事行動的譴責案等,大體上是依循此一模式。

3. 理性投票模式

　　此係基於一個組織的成員,以成本效益的觀點計算,經由其投票行為,所產生的政策,對其可能造成的正負面結果進行分析,最後決定投票的取向。

　　以國內政府的決策過程而言,政府政策的考量因素,將不僅是作為利益團體意見的仲裁者,或是反映社會的多數願望,而且也將展現其獨立自主的決策行為者角色。就國際組織而言,其本身或組織機構作為一個獨立性自主性的行為者,成員國在其中將依據對其最大化的利益結果,選擇政策的方案。

　　具體的例子,如歐盟執委會在向部長理事會提出實施內部市場白皮書之際,即藉此機會擴大歐盟的超國家權限。

4. 組織內部程序性決策流程模式

　　這是一種標準化的組織行為模式與作業流程。就國內而言,基本上是一種官僚機器的內部決策過程,依其既定的行為模式、準則,提出計畫,政府只作為各個官僚系統的協調中心。

就國際組織而言,則更顯示出組織依程序性流程所做的決策,基本上是一個更大的官僚系統的協商過程。

具體的例子,如歐盟區域與結構基金(regional and structural fund)的分配,事實上在某種程度也未盡公平,因為一個要求獲取基金的成員國,其基金取得多寡,實際上也是歐盟官僚制度下一種「程序性決策」的過程。

5. 官僚談判模式

這是伴隨程序決策過程中,組織內部官僚機器間的談判過程。也就是組織內部各個官僚系統或單位,彼此對於決策或提案有其不同意見,因此將依其立場提出各種理由支持,或反對該項決策或提案,再進一步進行溝通或協商或競爭性的互動,最後達成折衷性的妥協。

具體的例子,如歐盟單一內部市場計畫的實施,涉及到政府間與超國家間各種不同層級的官僚機器的協商;又如世界銀行與國際貨幣基金有關增加分配額度的程序等,均須依循此一模式。

第五章

個案分析：歐盟──區域主義典範，邁向全球化的行為者

一、歐洲統合運動與歐洲共同體的發展：超國家共同體神話的實踐？

　　歐盟(即歐洲聯盟)前稱歐洲共同體(European Community，簡稱EC)，1991年12月歐盟於荷蘭馬斯垂克(Maastricht)高峰會議中，通過「建立歐盟條約」(Treaty on European Union/EU)後，並經過各成員國國會的批准，於1992年12月生效，始正式稱為歐盟。

　　歐盟並非一個國家，而係由15個歐洲國家所組成的超國家組織，有其獨特的法律體系與性格，也有其超國家機構的設計。從歷史發展過程觀之，歐洲統合運動的產生，主要係受到二次戰後，國際體系分成美國、蘇聯兩大集團，西歐地區國家包括

英國、法國、德國、義大利等大國，均無法在國際政治舞台扮演獨立性角色，因此亟須建構一個共同的合作體系，並防止戰爭再起。

第一個具體的成就，係於1951年4月18日六個西歐國家（除了法國、德國、義大利之外，尚有荷蘭、比利時、盧森堡三小國）簽署巴黎協定，建立了「歐洲煤鋼共同體」（ECSC）〔另有一稱煤鋼同盟（Montanunion）〕。該協定於1952年7月23日生效。歐洲煤鋼共同體的建立，為當時西歐第一個真正的超國家組織，在煤鋼產業方面建立共同機構，制訂了共同法律規則與決策程序。

歐洲煤鋼共同體運作的成功，鼓舞了西歐政治家依此模式，建構「歐洲政治共同體」（EPC）與「歐洲防衛共同體」（EDC）。不過，前者屬於類似聯邦國特質的建構，後者的運作涉及各國外交與安全政策，同時需要各國建構兩院制的國會制度始可能運作。因此，歐洲政治共同體與歐洲防衛共同體於1954年遭法國國民議會的反對，而胎死腹中。

有鑑於此，1955年後的歐洲統合運動的重心，即轉移到以經濟統合為主。1955年6月在義大利麥錫那（Messina）的會議中，歐洲煤鋼共同體的六個成員國，委任比利時外長史帕克（Paul-Henri Spaak），籌組有關成員國經濟合作的委員會，並提出著名的「史帕克報告」。史帕克報告並成為1957年3月25日羅馬條約成立「歐洲經濟共同體」（EEC），及「歐洲原子能共同體」（EAEC）的重要基礎，1958年1月1日羅馬條約生效。

歐洲經濟共同體條約的核心，在於建立關稅同盟（Customs

Union)及共同市場(common market)；關稅同盟的目標，在於撤除成員國間的關稅與貨物流通障礙，並建立一個共同對外關稅區，對第三國形成一個共同的貿易政策；至於共同市場，則主要在於形成一個人員、貨物、勞務、資金四大流通無國界障礙的內部單一市場，以及一個共同的市場競爭秩序。

1958至1969年期間，在歐洲統合史上，基本上是一個向完成關稅同盟過渡的階段。1960年代末期，歐洲共同體已完成共同對外貿易政策。同時也逐步採取建立共同市場的措施，例如大量撤除所謂制度性的非關稅障礙限制，並於1987年通過單一歐洲法案，確立實現內部市場的計畫，同時在1992年年底的馬斯垂克條約中，落實於1993年1月1日起正式實施單一市場。

除了經濟統合之外，歐洲共同體成員國也於1960年代開始，進行實踐政治統合可能性的努力。1961年由法國外長弗希特(Christian Fouchet)組織委員會，並於1962年提出建立歐洲國家政治同盟的建議。不過，該項主張並未獲得所有成員國的認同，及至1972及1974年間的巴黎高峰會議中，始將歐盟的建立，作為歐洲統合努力的目標。同時，在1970年代初期，歐洲共同體建立了「歐洲政治合作」(European Political Cooperation)，作為成員國間外交問題立場與態度磋商的重要機制。

政治統合的進一步發展，在1984年2月14日，由歐洲議會(European Parliament，簡稱EP)議員史畢內里(Altiero Spinelli)提出「建立歐盟條約草案」，草案中建議以一個具法律人格的歐盟，取代三個分立的共同體(即歐洲煤鋼共同體、歐洲經濟共同

體及歐洲原子能共同體），同時擴大統合政策範疇，建立歐洲議
會與部長理事會（Council of Ministers）的立法兩院制，以及由執
行委員會（Commission）作爲政策、決議與立法的行政執行機構。

1984年6月，在楓丹白露（Fontainebleau）舉行的高峰會議
中，特別成立道格委員會（Dooge Committee），及阿道尼諾委員
會（P. Adonnino），研究歐洲議會的建議案。道格委員會主要在研
究歐盟與歐洲政治合作協調的可能性；阿道尼諾委員會則主要
針對共同市場的建構，與歐洲公民（European Citizenship）意識的
形成，進行研究並提出計畫。其結果在1985年6月及12月的米蘭
及高峰會議中，達成修改羅馬條約，以及談判是否建立共同外
交與安全政策（CFSP）的共識。

1980年代歐洲統合發展最具意義者，厥唯1987年7月1日生
效的「歐洲單一法案」。歐洲單一法案修改並補充了羅馬條約的
內容，同時爲歐洲政治合作建立了法律與組織框架，改變了歐
盟部長理事會的決策多數決方式（特別在實現內部市場單一化
政策方面），加強了歐洲議會的決策參與權，透過「合作程序」，
歐洲議會的決策可進入二讀階段，此已跨越歐洲議會原始僅有
的一讀諮詢程序（consultation procedure）的職權範圍。歐洲單一
法案在歐洲統合史的角色，可視爲邁向「歐盟」建構過程中的
重要踏腳石。

隨著1990年12月一項旨在建構政治同盟的政府間會議（IGC）
的召開，包括共同體民主正當性的加強、共同外交與安全政策、
聯盟公民的建立、共同體職權的擴大，與組織效率提升的檢視
等重要議題，均有所討論。其結果更導致1992年2月7日，各成

員國的外長及財長共同召開「經濟暨貨幣同盟」（Economic and Monetary Union)的政府間會議，同時簽署「歐盟條約」（俗稱馬斯垂克條約）。馬斯垂克條約的簽署，反映出歐洲統合政策的兩大發展策略：

　　1. 統合版圖與規模的「擴大」（widening)。
　　2. 統合政策與程度的「深化」（deepening)。

　　就擴大策略而言，歐盟迄今一共經歷1973年英國、丹麥、愛爾蘭三國加入，1981年希臘加入，1986年西班牙、葡萄牙兩國加入，1995年芬蘭、瑞典、奧地利三國加入等四次擴大，成員國也自6國擴大至15國。

　　隨著蘇聯政權的垮台，自1989年以來，歐盟陸續與中東歐地區國家簽署具準成員國地位的「歐洲協定」（Europe Agreements)，除了南歐地區的馬爾他及塞普勒斯以外，自1994至1996年期間，中東歐地區國家包括波蘭、匈牙利、捷克、斯洛伐克、立陶宛、愛沙尼亞、拉脫維亞、斯洛維尼亞、羅馬尼亞及保加利亞等10個國家，已向歐盟提出加入申請，至此，歐盟向東擴大議題也已列入「2000年議程」（Agenda 2000)之中。其中愛沙尼亞、波蘭、斯洛維尼亞、捷克、匈牙利，以及南歐的塞普勒斯將可望於2004至2005年之間，成為第一批東擴的國家。

　　同時，1999年5月1日生效的阿姆斯特丹條約，強調要加強擴大後歐盟的行為能力。2001年12月，政府間會議所通過的尼斯條約，更增列「歐盟擴大議定書」，針對歐盟進一步擴大，所

引發各個機構的代表席次，與決策票數的變化，也已做好因應。
例如，自2005年1月1日起，歐盟執委會各國將只能各有一名委
員，打破了大成員國享有2名委員權利的成規，此一情形將維持
至歐盟成員國增加到27國為止[1]。

再就歐盟統合政策的深化策略而言，1992年的馬斯垂克條
約，為歐洲經濟共同體、歐洲煤鋼共同體及歐洲原子能共同體
建構一個完整的屋頂——即歐盟。根據此一屋頂，整個歐洲統合
的發展，形成三根重要的支柱。

第一根支柱，即是以歐洲經濟共同體作為主體，從1951年
的煤鋼同盟開始，整個統合發展的軌跡，即循著單一產業、關
稅同盟、共同市場、經濟暨貨幣同盟的政策，逐漸深化統合政
策的程度。為持續推動統合政策，馬斯垂克條約進一步建構第
二根支柱共同外交與安全政策，以及第三根支柱共同司法與內
政政策(Common Justice and Home Policy)，同時加強歐盟的民主
性，在歐洲議會設置「調查委員會」，並於1999年5月生效的阿
姆斯特丹條約中，正式賦予歐洲議會立法「共同決策權」
(co-decision procedure)。

2001年12月的歐盟萊肯(Laeken)高峰會議，更明示歐盟應成
立「制憲委員會」，討論未來歐盟的政治體制，並據此建構一部
「歐盟憲法」。綜合歐洲統合與歐盟的發展，其組織與結構基本

1　Michael Kreile, "Die Osterweiterung der Europaeischen Union", in Werner
Weidenfeld(ed.), *Europa Handbuch*(Bonn/Berlin: Bundeszentrale fuer
Politische Bildung, 2002), pp.807-826, here pp.821-823.

上展現兩種分立而又重疊的特質：

1. 在政府間主義的基礎上，建構一種國家間的合作架構，同時對成員國的主權不加以限縮。
2. 在超國家主義的基礎上，將成員國的部分政策主權，轉移到超國家的機構進行決策[2]。

二、歐盟的組織結構、體系及其運作

誠如前述，歐盟不是一個國家，也不存在一部所謂的憲法，它是一個超國家的組織建制，其成員國將國家部分主權交付給歐盟機構去執行。歐盟與一般國際組織不同的是，它在特定的共同政策，具有獨立的法律人格，也足以影響或直接約束成員國，例如歐盟具有共同農、漁業政策，以及交通（運輸）政策、共同貿易（商業）政策。雖然如此，各個成員國政府仍然可以透過許多方式影響歐盟的政策。

根據歐盟條約的規定，歐盟主要的機構包括部長理事會、執委會、歐洲議會、歐洲法院（European Court of Justice，簡稱ECJ）、歐洲審計院（European Court of Auditors），以及歐洲會議（European Council，或稱為歐盟元首高峰會議）。另外，也設置若干具意見諮詢功能的機構，例如經濟暨社會委員會（Economic and Social Committee），以及區域委員會（Committee of Regions）。

2　Rudolf Herbek, "Europaeische Union", in W. Woyke(ed.), *Handwoerter-buch Internationale Politik*, op. cit., pp.89-109, here p.90.

同時，為執行貨幣政策，設立了「歐洲中央銀行」（European Central Bank，簡稱ECB）。為穩定金融市場，並提供成員國或開發中國家的資金需求，設立了「歐洲投資銀行」（European Investment Bank，簡稱EIB）。

至於其他的機構，則包括設於哥本哈根的「歐洲環境署」（European Environment Agency，簡稱EEA）、設於里斯本的「歐洲藥物暨藥癮監試中心」（European Monitoring Centre for Drugs and Drug Addiction，簡稱EMCDDA）、設於倫敦的「歐洲醫藥製品評鑑總署」（European Agency for the Evaluation of Medicinal Products，簡稱EAEM）、設於義大利都靈(Turin)的「歐洲訓練基金會」（European Training Foundation）、設於都伯林的「歐洲生活暨工作條件改善基金會」（European Foundation for the Improvement of Hiring and Working Conditions），以及設於西班牙阿利坎特(Alicante)的「內部市場協調辦公室」（Office for Harmonization in the Internal Market，簡稱OHIM）等（請參考圖5-1所示）。

（一）歐盟的政治決策體系及其運作

歐盟主要的政治決策機構，包括歐盟元首高峰會議、歐洲議會、歐盟部長理事會、執委會、歐洲法院等。不過，隨著統合情勢的發展，歐盟現有15個成員國，同時有13個國家申請加入歐盟(除中東歐10個國家外，尚有馬爾他、塞普勒斯及土耳其等國家)。在2005年以前，歐盟可望再進一步擴大成員國規模，其總人口將從現在的3億7600萬，增加到4億8200萬(土耳其除

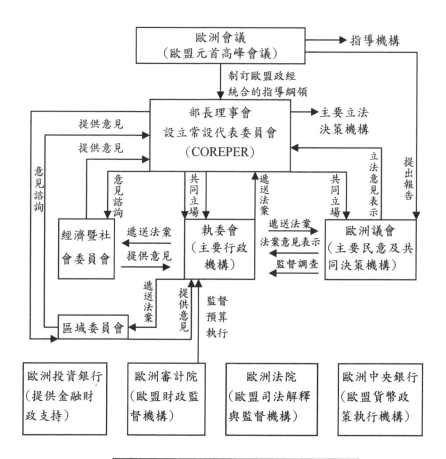

圖5-1　歐盟組織機構及其相互關係

資料來源：The EU Committee of the American Chamber of Commerce in Belgium, *EU Information Handbook 2000*(Brussels: The EU Committee 1999), p.4.

外)。歐盟相關的決策將可能產生若干變化。2000年12月的尼斯條約,亦曾計畫對歐盟的政府及超國家的職權,進行程序的必要調整,即為歐盟建構一個「廟宇式」的政治體系,該體系以歐盟的形成為最終目標,期間並融合各個成員國的政治體系,實現歐盟條約的三根重要支柱,並建立一個單一的組織機構框架,作為執行的機制(請參考圖5-2所示)。

1. 歐洲會議(歐盟元首高峰會議)──歐洲統合火車頭:概念發展與運作

歐洲會議可謂為歐盟最高的決策會議機關。其設立主要是在1974年的巴黎高峰會議。不過,其獲得正式法律位階,則在於1992年的馬斯垂克條約。根據歐盟條約第4條的規定,歐洲會議主要在於提供歐洲統合的發展動力,並確立統合發展的政治指導綱領。該項高峰會議主要由各成員國政府及國家元首,以及歐盟執委會主席組成,每年集會兩次,由各成員國輪流擔任會議主席。

在1997年的阿姆斯特丹高峰會議中,各成員國元首再次確認將西歐問題視為歐盟的共同問題與任務。同時,2000年12月的尼斯高峰會議中,復正式對歐盟的行動能力之加強,並再次提出歐盟組織機構與運作程序的發展方向。

此外,歐盟元首高峰會議尚有一項基本功能,即是批准歐盟經濟、社會、對外關係的各項重要政策聲明。尤其是針對歐盟具爭議的財政與機構問題,歐盟元首高峰會議的意見更具關鍵性。

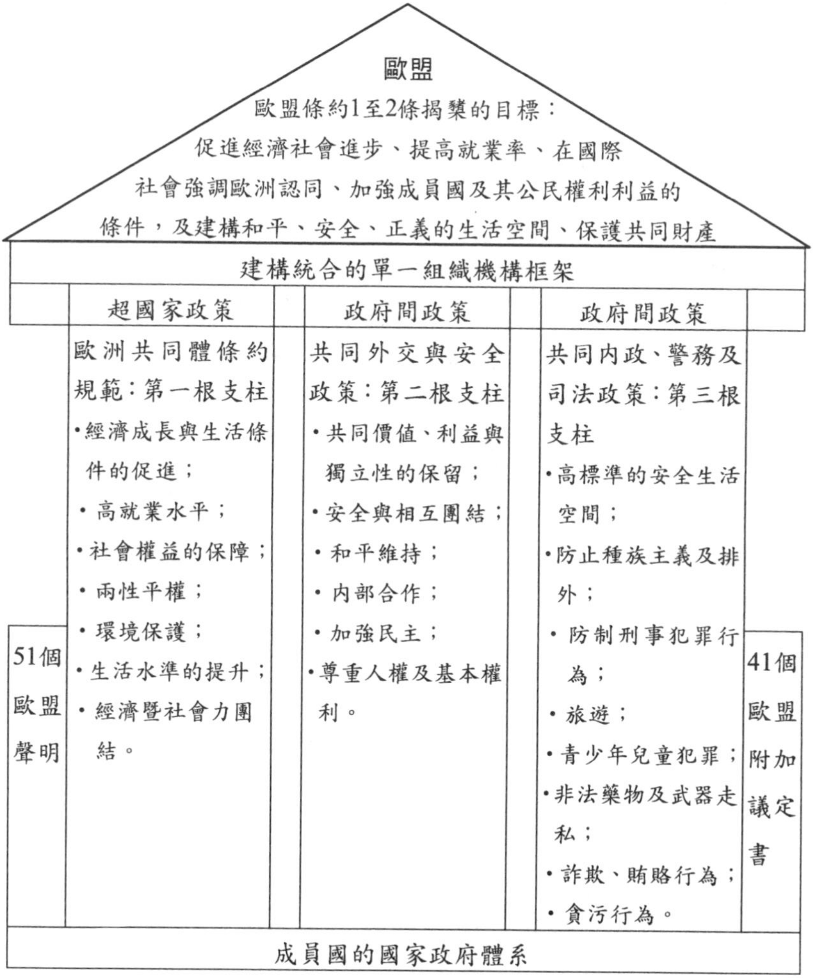

圖5-2　歐盟政治體系的廟宇建構形態：依據尼斯條約內容

資料來源：Wolfgang Wessels, "Das Politische System der EU", in W. Weidenfeld （ed.）, op. cit., pp.329-347, here p.330.

　　至於歐盟元首高峰會議的召開，主要是由輪值國的外長，及歐盟執委會的一名委員負責召集、籌備。其內部的決策過程，主要在審視相關談判文件，只有成員國的元首能夠針對成員國間，對統合政策所提出的要求或讓步之間進行妥協。

2. 部長理事會──歐盟主要決策機構：政府間主義的協商主體

　　歐盟部長理事會的設置，最早分見於1951年歐洲煤鋼共同體條約第7條、第26條，以及1957年羅馬條約第4條、第145條，與歐洲原子能共同體條約第3條、第115條。及至1967年7月1日，三個共同體進行機構整合，簽署合併條約（The Merge Treaty）生效後，始以單一部長理事會，作為各個成員國在歐盟決策體系中的最主要代表機構。基本上，部長理事會是歐盟最主要的決策機構，它在共同體的共同政策方面，是一個超國家的機構角色，但在涉及外交、安全、內政及司法政策上，又是一個政府間主義的協調機構。

　　部長理事會主要是由各個成員國政府各一個代表組成，實際上，其會議的召開主要依據不同性質的議題，由不同的政府部長代表與會。其中，外交部長係最主要的成員。不過，所有成員國政府的各部會首長均可依其業務性質，成為當然的會議成員。例如各國財政或經濟部長通常出席財經部長理事會（Ecofin Council）；通常一般總務委員會（the General Affairs）、財經部長及農業部長理事會每月定期舉行一次會議、內部市場委員會（Internal Market Council）等每年大約舉行四至五次會議；但也有許多專業部長理事會，例如產業（Industrial）或消費者業務

（Consumer Affairs）等，每年則大約舉行兩次會議。

通常部長理事會的會議，係由常設代表委員會（COREPER）負責籌備。常設代表委員會係由各成員國的外交代表所組成，其運作主要有兩個層次：一是COREPER II，由各國駐歐盟大使作為常設代表；二是COREPER I，由副常設代表（Deputy Permanent Representatives）組成。

COREPER II主要負責政治與外交，以及在總務委員會、財經、內政、司法、安全等相關議題的會議籌備；COREPER I則主要處理若干技術性議題的會議，例如環境、農業、研究發展以及貿易商業等。在處理議題的重要性方面，分成A級、B級兩類議程。所謂A級議題，即表示毋須經過辯論程序，即可採取的處理方案；至於B級議題，則須經過部長級的磋商討論定案後，始可採取處理的方案。

對此，常設代表委員會可因應議題需要，組織一系列的工作小組（working groups）或專家委員會（committees of experts）。例如在1999年阿姆斯特丹條約生效後，即設立政治委員會（political committee），直接向常設代表委員會提出有關外交與安全政策議題的報告；又如依條約36條設立委員會，提出有關警政與司法方面的報告[3]。

此外，部長理事會也設立秘書處，協助處理日常業務，除了秘書長、副秘書長之外，並設立一個總署（Directorates General），大約有2,500名工作人員對部長理事會提供各種法律、

3　*EU Information Handbook 2000*, op. cit., p.121.

語言與行政協助。

部長理事會另一個重要的運行機制，是其輪值國主席國（the Presidency of the Council）的設置。各成員國原來依其國名第一個字母排列，其輪值順序如下：比利時、丹麥、德國、希臘、西班牙、法國、愛爾蘭、義大利、盧森堡、荷蘭、奧地利、葡萄牙、芬蘭、瑞典與英國。輪值期間為6個月（即每年1至6月，以及7至12月兩次）。

不過，1993年歐盟為了避免造成一個成員國可能與前次相同的輪值期間，以及因應1995年芬蘭、瑞典、奧地利三國的加入，因此改變了前項的輪值原則。例如1999至2003年之間的輪值順序為：德國（1999年1至6月）、芬蘭（1999年7至12月、葡萄牙（2000年1至6月）、法國（2000年7至12月）、瑞典（2001年1至6月）、比利時（2001年7至12月）、西班牙（2002年1至6月）、丹麥（2002年7至12月）、希臘（2003年1至6月）等。

輪值國主席的運作，最重要是召開歐盟元首高峰會議（即歐洲會議），時間通常是在輪值的最後一個月，輪值國通常須提出統合政策的總體發展目標，或指導原則，或發展戰略等。

部長理事會最重要的角色與功能，即是根據執委會的法案與歐洲議會的意見表示，進行立法與決策程序，其地位有如一般國家的國會。部長理事會的決策表決，一般分為簡單多數決（simple majority）、條件多數決（qualified majority），以及一致決（unanimity）三種。

簡單多數決的議案，通常一個成員國擁有1票，只要通過9張同意票，議案即宣告成立，此類議案大體上對成員國較不具

影響力。

一致決的議案通常對於成員國而言，均極具重要性，例如對新成員國的加入，或對條約的修正案等，除了需要部長理事會的一致同意外，更必須經過各成員國的國內憲法規定的批准程序。

至於條件多數決，則主要係依據歐盟條約（包括共同外交與安全政策，以及共同司法與內政政策）規定而來，是目前歐盟政策最主要的決策手段。每一成員國依其人口規模分配決策票數，大國如德國、法國、英國、義大利四國各分配10張，西班牙8張，希臘、葡萄牙、荷蘭、比利時各5張，奧地利與瑞典各4張，丹麥、愛爾蘭及芬蘭各3張，盧森堡2張，共計87張，其中須達到62張票決同意，議案始可能通過。唯其中若涉及共同外交、安全、內政、司法政策部分，則必須再加上至少10個成員國的同意。

未來隨著因應歐盟的擴大，2001年的尼斯條約大幅度改變了條件多數決的票數，尼斯條約以未來具27個成員國為標準，必須跨越71.26%的票決門檻，法案始可能通過，即大約占未來歐盟總人口的62%左右[4]（請參考表5-1、圖5-3所示）。

4 Wessels, Das Politische System der EU, in Weidenfeld(ed.), op. cit., p.334.

表5-1　歐盟部長理事會條件多數決票數的演變

	1958至1972年 6個創始成員國	1973至1980年 第一次擴大 9個成員國	1981至1985年 第二次擴大 10個成員國	1986至1994年 第三次擴大 12個成員國	1995- 第四次擴大 15個成員國	2005- 第五次擴大 27個成員國（依尼斯條約規定）
德國	4	10	10	10	10	29
英國	-	10	10	10	10	29
法國	4	10	10	10	10	29
義大利	4	10	10	10	10	29
西班牙	-	-	-	8	8	27
荷蘭	-	5	5	5	5	13
希臘	2	-	5	5	5	12
比利時	-	5	5	5	5	12
葡萄牙	-	-	-	5	5	12
瑞典	-	-	-	-	4	10
奧地利	-	-	-	-	4	10
丹麥	-	3	3	3	3	7
芬蘭	-	-	-	-	3	7
愛爾蘭	-	3	3	3	3	7
盧森堡	1	2	2	2	2	4
總數	17	58	63	76	87	237
條件多數決票數	12	41	45	54	62	
可抵制票數	6	18	19	23	26	

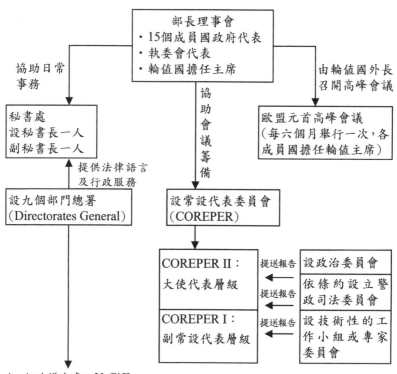

A. 行政議定書：V. Giffo
B. 農漁業：N. Henrik
C. 內部市場、關稅同盟、產業政策、交通、資訊社會、能源及運輸：K. Gretschmann
D. 對外關係與共同外交安全政策：B. Crowe, C. Stekelenburg
E. 對歐洲議會、區域委員會、經濟社會委員會的關係、機構事務預算與職工法規、資訊政策、公共關係：A. B. Carrera
G. 經濟與財政事務、貨幣同盟：S. Korkman
H. 司法與內政：C. Elsen
I. 環境與消費者保護、公民保護、健康與藥物防治、AIDS防治：K. Niblaeus
J. 社會、區域、教育、文化、青少年政策：M. Lepoivre

圖5-3 部長理事會結構

3. 執行委員會──歐盟統合政策暨法案的行政倡議機構

執委會係歐盟最主要的行政機構,其功能類似一般國家的最高行政機關,例如我國的行政院。它具有準備提送法案,以及執行、監督法案的義務。換言之,執委會可謂是歐盟立法的創議者,也是統合政策的發動機。

歐盟的部長理事會及歐洲議會,只能根據執委會的法案建議做出立法決策;其次,執委會作為行政機構,除了執行歐盟的各項決議之外,對外並代表歐盟協商,簽訂各種國際協定;再者,執委會亦可稱為是歐盟條約的捍衛者(守門員),負責監督歐盟法律的運用。此外,執委會也負責執行歐盟的預算。

執委會作為歐盟最龐大的行政機構,其工作人員大約有2萬人左右。其結構基本上包括執委會委員,目前大的成員國如德國、法國、英國、義大利、西班牙等五國均各占兩席,其餘成員國各占一席,總計20名。執委會主席原則上由20名委員中產生,但須獲得歐盟元首高峰會議的認可,不過此一協調過程相當困難。

1993年馬斯垂克條約生效後,包括執委會主席,兩位副主席及所有委員,均須獲得歐洲議會行使同意權後,方可任命。執委會委員的任期與歐洲議會議員任期一致,均為5年,一般從成員國提名任命,到同意權的行使期間,大約是6個月(請參見圖5-4)。

根據1967年合併條約第13條的規定,執委會委員若有無法視事,或有嚴重行為瑕疵情事者,歐洲法院得令其解職,不過,目前尚未發生。唯一一次是在1999年1月14日,歐洲議會因執委

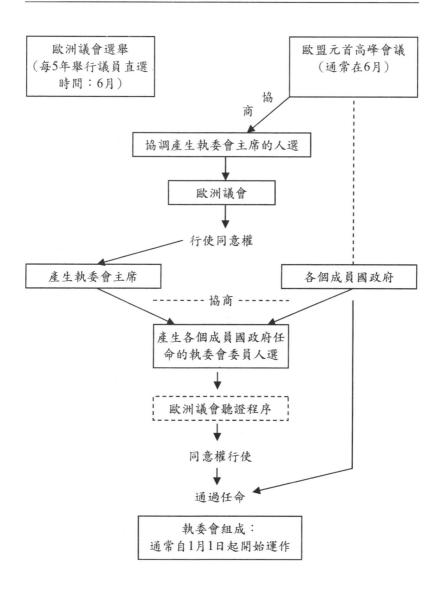

圖5-4　歐盟執委會主席及委員的產生過程

會委員法籍的克瑞松夫人嚴重的利益輸送案，以及執委會不當
的管理等因素，以投票譴責方式，造成執委會主席桑德(Santer)
率執委會委員集體總辭。目前執委會主席是義大利籍的普羅
迪，副主席分別是英國籍的金諾克，以及西班牙籍的帕拉希歐。

　　執委會主席類似我國行政院院長，副主席為副院長，委員
位階相當於各部會首長。每一執委會委員大體上均負責歐盟的
若干政策範疇，各自形成一個「小內閣」(cabinet)。定期舉行小
內閣會議，討論有關法案內容。20個執委會委員的共同會議，
大約在每周三舉行，主要針對由各個小內閣所達成的法案內
容，進行最後討論，形成執委會的法律提案後，送交歐洲議會
及部長理事會，進行立法實質意見審查。目前執委會的小內閣
主要由24個總署(Directorates General)，以及11個專責服務機構
組成，例如法律及翻譯等(請參見圖5-5)。

　　基本上，執委會法律提案及相關工作的運作過程，係透過
由各個成員國的專家或行政機構官員，或各個專業組織、工會
等代表，依性質所組成的專業諮詢委員會協助完成。根據1999
年6月28日歐盟部長理事會的決議，類似此種委員會程序的運作
計有三類：

　　(1)調節程序(Regelungsverfahren)：特別針對重要而敏感的政
　　　　策，所發布的各項立法措施等。依此程序，部長理事會
　　　　得以多數票否決，或抵制執委會的立法構想。執委會可
　　　　向專業委員會提送法律草案，委員會在一定時間內(通
　　　　常由會議主席指定的期限)，以條件多數決方式，提出
　　　　其意見。只要執委會對委員會的意見取得協議，其所採

取的立法措施即可生效。唯若委員會未表示意見或表示反對意見，則執委會須向部長理事會提出其法律提案，並知會歐洲議會。部長理事會可於三個月內，以條件多數決方式表示接受或拒絕，若是拒絕，則執委會可修正提案，再循立法途徑尋求通過；若接受或不表示意見，即表示法案通過。

(2)行政程序(Verwaltungsverfahren)：係指針對行政性措施的發布與執行的程序。依此程序，部長理事會可以提出其解決方案，取代執委會的提案。執委會同樣可向專業委員會提送草案，委員會同樣在一定時間內，得以條件多數決方式提出其意見。同樣的，只要執委會對委員會的意見無異議，其所採取的措施即可生效。不過，此一程序仍須經過與部長理事會及歐洲議會的「共同決策程序」(co-decision procedure)的過程。

(3)諮詢程序(Beratungsverfahren)：適用於前述兩項以外的所有其他行政措施，執委會在此一程序上，具有絕對決定權，依此程序，執委會向專業委員會提送相關草案，由該委員會提出其意見，此一意見僅供執委會諮詢參考，對執委會並無任何拘束力[5]。

5　G. Hitzler et. al.(eds.), *Europa Handbuch 2000*(Koeln. Berlin. Bonn. Muenchen: Carl Heymanns Verlag, 2000), pp.44-52.

圖5-5 歐盟執委會結構及其運作

執委會委員會議：主席、副主席及18個委員，計20人
執委會主席：R. Prodi
第一副主席：N. Kinnock
第二副主席：De Palacio

主席：Prodi 負責：秘書處、法律服務、媒體與傳播播交流。	副主席：Kinnock 負責：行政改革、人事管理、語言服務、內部會計、條約法案審核。	副主席：Palacio 負責：歐洲議會、區域委員會與經濟社會委員會的關係、交通、能源政策。	委員：M. Monti（義大利籍）負責：競爭政策。	委員：F. Fischler（奧地利籍）負責：農業政策與鄉村發展政策。
委員：E. Liikanen（芬蘭籍）負責：企業、就業、革新與資訊社會政策。	委員：F. Bolkstein（荷蘭籍）負責：內部市場、金融與關稅及社會稅務政策。	委員：P. S. Mira（西班牙籍）負責：經濟、財政、金融與貨幣及統計政策。	委員：P. Busquin（比利時籍）負責：科學、研究與發展、聯合研究中心。	委員：P. Nielson（丹麥籍）負責：發展援助與合作政策、人道援助辦公室（HAO）。
委員：G. Verheugen（德國籍）負責：擴大政策。	委員：C. Patten（英國籍）負責：對外關係、共同外交安全政策、對非成員國的代表園工作。	委員：P. Lamy（法國籍）負責：貿易政策。	委員：D. Bgrne（愛爾蘭籍）負責：公共衛生、消費者保護政策。	委員：M. Barnier（法國籍）負責：區域政策、聚合基金（Cohesion Fund）、政府間會議。
委員：V. Reding（盧森堡籍）負責：歐洲公民、教育、文化、出版。	委員：M. Schreyer（德國籍）負責：預算、財政監督與防制貪污。	委員：M. Wallstroem（瑞典籍）負責：環境與能源安全政策。	委員：A. Vitorino（葡萄牙籍）負責：自由、安全與正義、司法政策。	委員：A. Diamantopoulou（希臘籍）負責：就業與社會政策、社會公平機會。

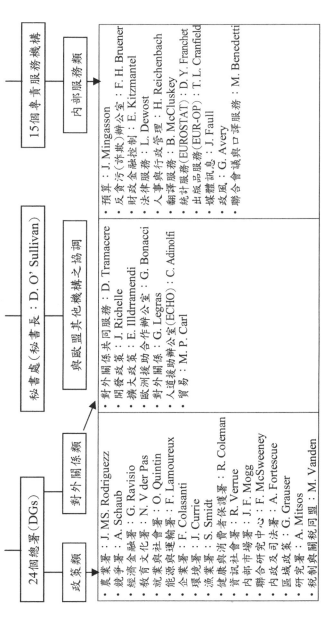

圖5-5 歐盟執委會結構及其運作（續）

24個總署（DGs）　　**秘書處（秘書長：D. O' Sullivan）**　　**15個專責服務機構**

政策類　　對外關係類

政策類
- 農業署：J. MS. Rodriguezz
- 競爭署：A. Schaub
- 經濟金融署：G. Ravisio
- 教育業文化署：N. V der Pas
- 就業與社會署：O. Quintin
- 能源與運輸署：F. Lamoureux
- 企業署：F. Colasanti
- 環境署：J. Currie
- 漁業署：S. Smidt
- 健康與消費者保護署：R. Coleman
- 資訊社會署：R. Verrue
- 內部市場署：J.F. Mogg
- 聯合研究中心：F. McSweeney
- 區域政策署：A. Fortescue
- 研究署：G. Grauser
- 稅制與關同盟：A. Mitsos ‧ M. Vanden

對外關係類
- 對外關係共同服務：D. Tramacere
- 開發政策：J. Richelle
- 擴大政策：E. Illdrramendi
- 歐洲援助合作辦公室：G. Bonacci
- 對外關係：G. Legras
- 人道援助辦公室（ECHO）：C. Adinolfi
- 貿易：M. P. Carl

與歐盟其他機構之協調

內部服務類
- 預算：J. Mingasson
- 反貪污（詐欺）辦公室：F. H. Bruener
- 財政金融控制：E. Kitzmantel
- 法律服務：L. Dewost
- 人事與行政管理：H. Reichenbach
- 翻譯服務：B. McCluskey
- 統計服務（EUROSTAT）：D. Y. Franchet
- 出版品服務（EUR-OP）：T. L. Cranfield
- 媒體訊息：J. Faull
- 政風：G. Avery
- 聯合會議與口譯服務：M. Benedetti

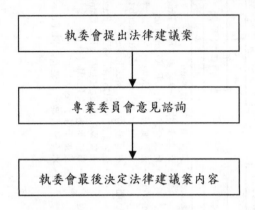

圖5-6 歐盟執委會法案形成程序(一)：諮詢程序

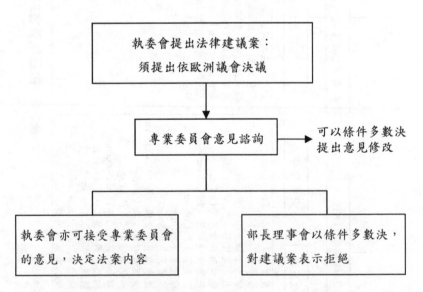

圖5-7 歐盟執委會法案形成程序(二)：行政程序

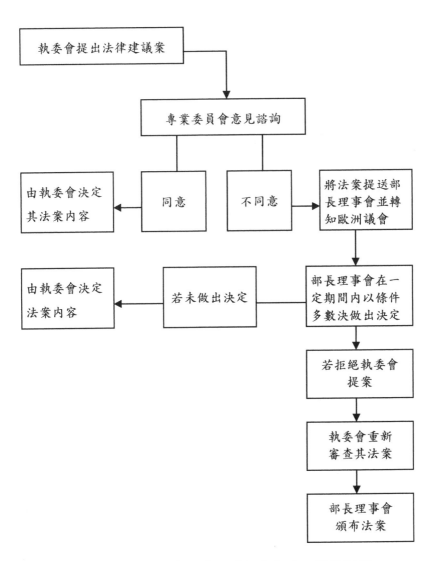

圖5-8 歐盟執委會法案形成程序(三)：調節程序

作為歐盟的行政機構以及共同決策機構，執委會在共同外交、安全、司法及內政政策的決策方面，遠不如在歐盟的共同體政策。例如在共同外交及安全政策上，執委會得以整理問題，並向部長理事會提出建議，同時也可以充分參與成員國外長的外交運作。阿姆斯特丹條約及尼斯條約，分別加強了執委會的部分合作程序權。

整體而言，執委會的意見形成過程有三個層次：一是其決策機制是執委會委員全會；二是依據尼斯條約，只有歐洲議會有權利以出席議會的議員2/3多數決，同時至少應包含議員過半數的條件下，可以對執委會提出不信任投票；三是依據尼斯條約的規定，未來當歐盟成員國總數達到27個國家時，執委會的成員將改變過去大國占2名委員的生態，而係由每一個成員國僅能維持1名執委會委員名額，藉此以維持歐盟政治與權力均衡的光譜。

未來執委會主席的權限將更加擴大，同時，未來執委會的委員將可因主席的要求，並經過委員會委員會議的同意後，令其去職，假如此一運作成真，則歐盟執委會主席的位階，已隱然成為一個政府的內閣首腦。

4. 歐洲議會：歐盟的民意與民主機構

歐洲議會在歐洲煤鋼共同體時代稱為「大會」（Assembly），在1958年羅馬條約生效後，與歐洲經濟共同體及歐洲原子能共同體合併成為一個共同大會。1976年9月20日部長理事會通過決議，將歐洲議會議員由原先「雙重委任」（即由各個成員國國會

議員兼任)方式，改爲由各成員國公民直接選舉產生。自1979年6月第一次歐洲議會直選迄今已進行五次，其議員人數亦自第一次的410名(計9個成員國)，增加到1995年的626名(15個成員國)。

表5-2　歐洲議會五次直接選舉及其議員席次分配

	席次	備註
第一次 (1979.6-1984.5)	434	・1979年6月第一次舉行直選，計有410名歐洲議員；1981年希臘加入歐洲共同體，席次增為434名，共計10個成員國。
第二次 (1984.6-1989.5)	518	・1986年西班牙及葡萄牙加入，席次增加，共計12個成員國。
第三次 (1989.6-1994.5)	518	
第四次 (1994.6-1999.5)	567 626	・1994年6月因應德國統一，席次變更。 ・1995年芬蘭、瑞典、奧地利加入，席次變更，共計15個成員國。
第五次 (1999-2004)	626	

　　歐洲議會最近一次直選是在1999年6月間舉行，目前有626席議員，各成員國席次分配如下：德國99席；法國、英國、義大利三國各87席；西班牙64席；荷蘭31席；比利時、希臘、葡萄牙三國各25席；瑞典22席；奧地利21席；丹麥、芬蘭兩國各16席；愛爾蘭15席；盧森堡6席。根據尼斯條約，未來若歐盟擴大到27個成員國，歐洲議員將增加到732名(請參見表5-3)。

表5-3 根據尼斯條約，未來歐盟27個成員國在部長理事會與歐洲議會的席次分配

成員國	人口數 (單位：百萬)	部長理事會席次		歐洲議會席次	
		目前	未來	目前	未來
德國	82.2	10	29	99	99
英國	59.6	10	29	87	72
法國	58.7	10	29	87	72
義大利	57.7	10	29	87	72
西班牙	39.4	8	27	64	50
荷蘭	15.9	5	13	31	25
希臘	10.5	5	12	25	22
比利時	10.2	5	12	25	22
葡萄牙	10.0	5	12	25	22
瑞典	8.9	4	10	22	18
奧地利	8.1	4	10	21	17
丹麥	5.3	3	7	16	13
芬蘭	5.2	3	7	16	13
愛爾蘭	3.8	3	7	15	13
盧森堡	0.4	2	4	6	6
現今計15個成員國總計	375.9	87	237	626	535
波蘭	38.7		27		50
羅馬尼亞	22.5		14		23
捷克	10.3		12		20
匈牙利	10.0		12		20
保加利亞	8.2		10		17
斯洛伐克	5.4		7		13
立陶宛	3.7		7		12
拉脫維亞	2.4		4		8
斯洛維尼亞	2.0		4		7
愛沙尼亞	1.4		4		6
塞普勒斯	0.8		4		6
馬爾他	0.4		3		5
未來總計27個成員國	481.7		345		732

資料來源：Konferenz der Vertreter der Regierungen der Mitgliedstaaten, Vertrag von Nizza: SN533/1/100 REV 1 vom 14. Dez. 2000; http://www.zdf.msnbc.de/news/67634.asp. in W. Wessels, *Die Vertragsreformen von Nizza-Zur institutionellen Erweiterungsreife*, in Integration No.1(2001), p.12.

基本上，歐洲議會每年有12周的會期在法國史特拉斯堡（Strasbourg）舉行，大約有兩周時間的委員會會議，以及大約一周的黨團會議在比利時首都布魯塞爾舉行，至於秘書處則設於盧森堡。以2000年的會期為例，其會議時間與地點安排如下表所示：

月	日	地點
1	17-21	史特拉斯堡
2	2-3 14-18	布魯塞爾 史特拉斯堡
3	1-2 13-17 29-30	布魯塞爾 史特拉斯堡 布魯塞爾
4	10-14	史特拉斯堡
5	3-4 15-19	布魯塞爾 史特拉斯堡
6	13-16	史特拉斯堡
7	3-7	史特拉斯堡
9	4-8 20-21	史特拉斯堡 布魯塞爾
10	2-6 23、27	史特拉斯堡 史特拉斯堡
11	13-17 29-30	史特拉斯堡 布魯塞爾
12	11-15	史特拉斯堡

歐洲議會的主要結構，包括議長（任期兩年半，不得連任）、14名副議長，另設有負責行政與財政業務的總務主管人員4名，前項人員構成歐洲議會的主席團。另外加上各黨團的主席，則形成擴大主席團，負責召集臨時會議，提送議事日程草案，以

及加強與歐盟其他機構與國際組織的關係。

目前歐洲議會計有8個黨團，1個無黨籍議員小組。依席次多寡順序如下：歐洲人民黨(Group of the European People's Party)232席、歐洲社會主義黨(Party of European Socialists)181席、歐洲自由黨(European Liberal Group)52席、綠黨與歐洲自由聯盟(Green/European Free Alliance)46席、歐洲團結左翼聯盟／北大西洋綠黨左翼(Confederal Group of the European United Left/Nordic Green Left)42席、歐洲民族同盟(Union for a Europe of the Nations)21席、獨立成員技術黨團(Technical Group of Independent Members)19席、歐洲民主多元黨團(The Europe of Democracies and Diversities)19席、無黨籍議員小組(non-attached)計有14席。

此外，歐洲議會目前亦設有20個常設性委員會，例如外交、安全國防、農業、預算、經濟貨幣產業、對外經濟發展、社會與就業、區域政策等。委員會係歐洲議會最主要的運作機關，負責向歐洲議會大會提送決議草案，以及對執委會的法案草案提出意見報告。同時，歐洲議會也可依其議員1/4的申請成立各種調查委員會，以調查相關觸犯歐盟法律的情事。

在對歐洲議員的服務方面，歐洲議會設置秘書處，內部分成8個總署(內含會期服務、委員會與議會代表團、資訊、研究、人事、行政、翻譯及一般性服務、財政與預算控制等)，以及一個專門提供各種法律服務的機構。在相關國際關係方面，歐洲議會設有「聯合議會委員會」，主要由可能加入歐盟的歐洲國家(例如中東歐地區以及馬爾他、塞普勒斯國家)組成；另外尚有

各個區域組織或國家派遣的34個「議會間代表團」(Inter-Parliamentary Delegations)的設置，例如東南亞國協，東南亞國家與南韓、中國大陸、日本、美國、南錐共同市場、阿拉伯、北非同盟國家等。

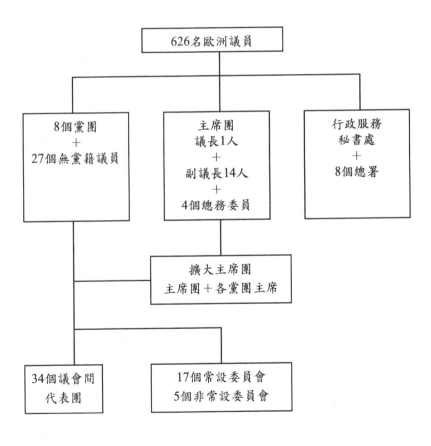

圖5-9　歐洲議會結構圖

在目前歐盟的立法結構體系當中，歐洲議會的職權可區分
為立法、預算及監督等。就立法權而言，歐洲議會透過以下四
個程序參與歐盟的立法：

(1)諮詢程序(consultation procedure)：即執委會在提送法案，
部長理事會做出決議前，先行徵詢歐洲議會的意見，不
過，部長理事會保有最後決定權。

(2)合作程序(cooperation procedure)：即歐洲議會享有立法的
二讀權，除諮詢的一讀程序之外，歐洲議會可藉由二讀
提出其立法修正意見，或拒絕接受部長理事會的「共同
立場」(common positon)。對於後者，部長理事會必須
在三個月內以一致決(unanimously)方式，始能推翻歐洲
議會的意見。目前此一程序通常運用於經濟與貨幣政策
的立法過程。

(3)共同決策程序(co-decision procedure)：係歐洲議會最重要
的立法參與權，除了合作程序的二讀過程外，歐洲議會
與部長理事會若出現立法歧見，則可設立調解委員會
(conciliation committee)。假若調解未成，部長理事會仍
可單獨提出立法意見。不過，若歐洲議會於六周內仍然
決議拒絕，則部長理事會的立法意見仍無法形成法律。
若調解委員會提出其共同立法草案，則部長理事會以條
件多數決，歐洲議會以絕對多數決(626票的314張票)決
議方式通過，法案即可頒布。

(4)同意程序(assent procedure)：歐盟對外簽署的聯繫協定
(association agreements)，新成員國加入申請均須獲得歐

洲議會的絕對多數決同意；其他如對執委會主席及其委
員，對結構基金與聚合基金（cohesion fund）的運用與使
用變更、與第三國簽訂的協定，以及若干實施貨幣同盟
的政策等，則僅須獲得歐洲議會的簡單多數決同意。

就歐洲議會的預算權部分，主要係指對歐盟的「非義務性
支出」（non-obligatory expenses）的部分，至於「義務性支出」部
分，基本上仍屬於部長理事會的權責。根據規定，歐洲議會對
執委會所提出的預算案有權否決，部長理事會一般僅提供其建
議。目前歐盟義務性支出的預算結構，包括各個行政機構支出、
運作性支出（例如結構基金、農業輔導保證基金、區域基金等）、
歐盟對內與對外政策的支出、財政保留性預算、共同農業政策，
以及因應歐盟擴大所需的支出等。

表5-4　2001年歐盟預算支出結構

項目	預算數 （單位：百萬歐元）	占預算百分比
• 共同農業政策	44100	45.5
• 結構政策	32720	33.7
• 內部政策	6136	6.3
• 對外政策	4952	5.1
• 行政支出	4927	5.1
• 財政性保留	916	1.0
• 擴大政策	3240	3.3
總數	96991	100.0

資料來源：Friedrich Heinemann, "Die Haushaltspolitik der Europeaischen Union",
　　　　in W. Weidenfeld（ed.）, op. cit., p.516.

就歐洲議會的監督權而言，主要係展現歐盟的民主性格，其中包括設置「公民代表」（或稱監察史）(Ombudsman)代表，與歐盟機構間的互動確保公民的政治與社會權利。任何一個歐盟公民或歐盟的立法機構或歐洲議會，均可要求「公民代表」調查歐盟行政機構的濫權，或不當的行政管理情形。

公民代表有權向各行政機構提出詢問，同時調閱檔案，但公民代表既非法官，也無法改變行政機關的決定，卻可以向歐洲議會提出調查報告，及建議處理的方案。第一個歐盟公民代表，係於1995年6月選出德國籍的Jacob Soederman，1999年Soederman又獲得連任。

此外，歐洲議會也設置「調查及請願委員會」(Committee of Inquiry and Petition)，負責調查歐盟機構的違法與不當管理案件；另外，歐洲監督權的行使，也展現在其對執委會所提年度報告的不信任投票手段，以及各種口頭與書面質詢意見的運用等[6]。

(二)歐盟的監督機構、體系及其運作

1. 歐洲法院與歐盟初審法院：歐盟的法律解釋與運用機構

歐洲法院係歐盟的司法以及唯一的法律解釋與運用機構。它可以依需要傳喚歐盟的所有機構、成員國、自然人、法人，以及各成員國的國內法官。歐洲法院依性質及功能所需，設有

6　*EU Information Handbook*, op. cit., pp.147-164; W. Wessels, "Das Politische System der EU", in Weidenfeld(ed.), op. cit., pp.332-333.

憲法法庭、行政法庭及民事法庭。最重要的訴訟種類包括：

(1)執委會或任一成員國，得對成員國因違反歐盟條約或法律所為的控訴案，稱為「條約損害程序」(Vertragsverletzungsverfahren)。

(2)歐盟執委會外的其他機構，或任一成員國，或自然人，或法人，對於具約束性質的法律，例如規則(regulations)、準則(directives)或決定(decisions)等，所提出的法律無效訴訟案，即所謂「法律無效訴訟」(Nichtigkeitsklage)。

(3)歐盟的相關機構，或任一成員國，或自然人，或法人，對於執委會或部長理事會違反歐盟法律，或對具約束性質的法律遲不頒布所為的訴訟，即所謂「不作為訴訟」(Untaetigkeitsklage)。

(4)針對歐盟所提起的「索賠起訴」(Schadenersatzlage)。

此外，尚有所謂「事先決定程序」(Vorabentscheidungsverfahren)，即歐洲法院可根據各成員國關於對歐盟條約的解釋，關於歐盟機構以及歐洲中央銀行的組織行為法律效力的解釋，以及關於由部長理事會所建立的各個機構組織章程的解釋等，所提出的建議、意見，做出判決。

另外，對於成員國有關歐盟法律的爭端，原則上可藉由歐洲法院的仲裁程序進行調解；對於歐盟所簽訂的各種國際協定，與歐盟條約的相融性，也經由歐洲法院認定之。

歐洲法院總部設於盧森堡，係歐盟獨立與自治性的機構，

有其獨立的行政結構。目前歐洲法院計有15名大法官，由各個成員國政府任命，院長自其中選舉產生。同時，設有8名總辯護法官（advocates-general），負責歐洲法院的實際運作，其中的5名由大的成員國，如英國、法國、德國、西班牙、義大利五國選任，其餘3名則由其他小成員國輪流擔任。大法官與總辯護法官的任期均為6年，可連任，唯院長任期為3年，可連任。每名大法官及總辯護法官各擁有3名法律專家協助工作。

歐洲法院的會議可分為全會，以及各個法庭（chamber）的庭會。全會主要處理有關歐盟機構或成員國所提的法律訴訟案之決定；其餘問題則交由6個法庭，依法律性質的會議決定。唯全會部分需要至少7個法官的出席，各個法庭則至少需要3個法官的出席，其所做的法律解釋與判決方屬有效。

至於總辯護法官並不隸屬於任一法庭，而係由歐洲法院做總體指派。通常在歐洲法院做出解釋或判決之前，係由總辯護法官提出其法律見解，供大法官會議參考，雖然其法律見解並不能約束大法官或歐洲法院，但大部分均能被接受。

此外，為了減輕歐洲法院的工作量，歐盟部長理事會於1998年10月24日決議通過設置「歐洲初審法院」（European Court of First Instance），負責審理所有有關自然人或法人對歐盟機構所提出的訴訟案件。

初審法院計有15名法官，由成員國政府任命，任期6年，但每3年做部分改選。初審法院院長由法庭中選舉產生，唯任期為3年，可連任。初審法院的各個法庭會議由3或5個法官組成，不另行設置總辯護法官。

2. 歐盟審計院

歐盟審計院(Court of Auditors)於1975年7月22日設置，並於1977年正式在盧森堡展開工作。審計院計有15名委員，在經過歐洲議會的諮詢聽證程序後，由部長理事會以一致決方式通過任命，任期6年。院長每3年改選一次，由15名委員中選舉產生。每名委員均獨立於成員國及歐盟機構之外，不受任何政治指示的影響。

審計院主要負責監督歐盟預算支出與收入的適法性，以及審核結算與預算管理等。審計院不僅可以自行決定對歐盟各個機構進行會計及預算查核，同時，也可以與各成員國的審計當局合作，對涉及與歐盟財政機制運用有關的個人、公司或各個機構進行監督查核。

雖然審計院無權以強制性方式，執行其職權或做出制裁，不過，它在每年會計年度終止前夕，均要提出其年度預算審計審核報告，或針對特殊案例提出特別報告。此一官方文件內，已包括審計院對各個機構及各成員國所進行的查核過程、結果、意見，以及受查核者的回覆情形。

(三)歐盟主要諮詢委員會及其他機構

1. 經濟暨社會委員會

歐盟的經濟暨社會委員會於1957年羅馬條約中即已成立，係一諮詢性的機構，由各成員國的經濟及社會利益團體代表組成。主要功能在於向歐盟的行政及決策機構執委會、部長理事會及歐洲議會，提供專業諮詢意見。執委會及部長理事會亦有

義務要徵詢其意見,不過,類似此一意見並不具有任何的拘束力。

　　一般最主要的強制性諮詢議題包括:勞工流動、交通運輸、工會權益、法律適用性疑義、社會政策、歐洲社會基金,以及職業訓練等。其他非強制性的諮詢議題,例如健康衛生安全、投資、共同能源市場,以及研究發展與訓練等。1999年的阿姆斯特丹條約,則擴大該委員會的諮詢功能,成為歐洲議會諮詢的對象,特別是在有關歐盟社會政策的議題,在執委會尚未形成法律提案前,均應徵詢其專業意見。

　　根據統計,自1957迄1996年為止,經濟暨社會委員會共計提出大約3,000項的專業意見。以1997年為例,強制性意見計有63項,非強制性意見計有89項,另有27項係屬於自主性的意見提供,共計有179項意見。

　　此外,經濟暨社會委員會有權設置「特別次級委員會」(ad hoc subcommittee),以處理特殊議題,例如具常設性的「單一市場觀察小組」(Single Market Observatory)即是;又該委員會與非歐盟成員國國家的經濟及社會利益團體,保持極為密切的關係,例如地中海區域國家、非加太國家(ACP)、中東歐國家、拉丁美洲國家,以及歐洲自由貿易協會國家等。除了年度工作報告外,尚發行公報,及ECS Info等出版品。

　　目前經濟暨社會委員會共計有222名委員,其中雇主代表委員有68名,勞工代表委員有80名委員,其他利益團體代表有72名。其組成係由各成員國政府推薦,經歐盟部長理事會同意後任命,任期4年,可連任。

各成員國委員分配如下：德國、法國、英國、義大利四國各24名；西班牙21名；奧地利、比利時、荷蘭、希臘、葡萄牙及瑞典等各12名；丹麥、愛爾蘭及芬蘭各9名；盧森堡6名。其組織結構計設有主席1名，副主席2名，人選由三大團體代表輪流出任。另設有33人的主席團委員，秘書處設秘書長，工作人員大約有130餘名。此外，設置有9個專業小組提供諮詢意見，供委員會大會討論[7]。

2. 區域委員會

區域委員會係於1993年馬斯垂克條約中，所設置的區域性事務與歐洲統合相關的純諮詢性的機構，其功能及結構與前項經濟暨社會委員會有甚多重疊與相似性，主要係就歐盟的區域政策提供意見。其正式委員計有222名，候補委員也有222名，均由各成員國政府推薦，並經部長理事會一致決同意後任命，任期4年，可連任。

其結構就一般僅具有中央與地方兩種行政層級的成員國，例如丹麥、盧森堡及希臘等國，大部分均派任鄉鎮市層級的行政與立法人員擔任；但若干具有省級或邦級的行政層級的成員國，例如法國有12個省級區域代表，德國也有21個邦級區域代表擔任委員，且其代表均具有高度政治性，例如聯邦形態為政

---

7 Martin Zbinden, *Die Institutionen und die Entscheidungsverfahren der Europaeischen Union nach Amsterdam*(Bern: Staempfli Verlag, 1999), pp.103-108.

體的成員國,像比利時、西班牙、德國及奧地利等的代表,大
體上均為各邦或各省的總理、省長或是邦政府及省政府的部長
級人士擔任。

　　基本上,區域委員會係依經濟暨社會委員會的模式而成
立,兩者組織、結構、功能與運作方式幾乎如出一轍。區域委
員會的強制性意見徵詢,主要圍繞在跨歐交通運輸網絡、區域
與聚合政策(基金)、文化教育與青少年事務、就業、社會政策、
公共衛生、環境、職業訓練等。

　　區域委員會設有主席、第一副主席、15個副主席,再加上
19個主席團委員,整個主席團計有36個委員;同時設立8個常設
性專業委員會提供意見,供區域委員會大會討論。每年大約舉
行5次大會,專業委員會大約4至8次。

　　較特殊的是,區域委員會的委員分屬4大政治性黨團,主要
是社會主義黨團、歐洲人民黨團、自由與民主黨團,以及激進
歐盟黨團等。根據統計,區域委員會每年平均大概提出約200項
意見。每一次大會會期均發行*Regions & Cities of Europe*的通
訊,其意見主要登載於歐盟的官方刊物(Official Journal)中。

3. 歐洲投資銀行:歐盟投資貸款融資機構

　　歐洲投資銀行(EIB)成立於1958年,總部設於盧森堡。主要
是對歐盟成員國、公私部門企業的投資計畫,提供貸款資金援
助。但同時亦對全世界超過120個開發中國家提供援助。其基本
資本總額大約有620億歐元,其所提供的援助並非以營利為主,
通常是具義務性與提供經濟擔保性的貸款,不過,大部分的貸

款仍用於歐盟境內的投資計畫。以1998年為例，在貸出總額295億歐元款項當中，歐盟境內即占250億歐元，非歐盟地區僅占45億歐元。截至1998年年底為止，歐洲投資銀行未清償的貸款及擔保總額，達1550億歐元。

歐洲投資銀行的主要決策機制，是董事會、行政管理委員會及決策理事會。決策理事會主要由歐盟各成員國財政部長組成，負責確定貸款政策準則、提高資本額，以及任命行政管理委員會成員。

行政管理委員會計有25名成員，以及13位候補成員，其中24位係由決策理事會任命，一位由歐盟執委會任命，任期5年。其工作主要是監督歐洲投資銀行的政策，與歐盟經濟政策的諧和性與一致性。

至於董事會，係一合議性質的最高行政執行機構，計有8個成員。不同性質的行政管理部門，主要包括歐盟境內的財政資助、歐盟境外的財政資助、財政金融、投資計畫（一般產業性質的投資貸款年限為7至12年；基礎建設及能源計畫性質則為15至20年）、法律問題、經濟研究與資訊、資金運作評估，以及貸款風險評估等。

此外，歐洲投資銀行尚設有審核委員會，有3位委員負責審核相關會計，與貸款資金運用的合宜性等。

4. 歐洲中央銀行：歐盟的貨幣決策與發行機構

歐洲中央銀行（ECB）係根據1993年的馬斯垂克條約而成立，其前身是歐洲貨幣機構（European Monetary Institute，簡稱

EMI)。歐洲中央銀行於1998年6月1日正式設置運作,在歐盟經濟貨幣同盟(EMU)於1999年1月1日邁入第三階段之後,歐洲中央銀行與歐盟各成員國的國內中央銀行,合組成為「歐洲中央銀行體系」(ESCB)。

　　歐洲中央銀行目前總部設於德國的法蘭克福,其主要的工作,在於確定與執行歐盟的貨幣政策、管理歐盟的外匯機構、管理保存歐盟成員國的貨幣貯量、促進歐盟貨幣支付體系功能的順暢,以及保障歐元幣值的穩定。

　　歐洲中央銀行的組織結構,主要有歐洲中央銀行理事會及董事會。其運作完全是獨立與超國家的,不受任何歐盟機構及其成員國的影響。歐洲中央銀行理事會成員,主要由歐洲中央銀行的董事會成員,以及各個使用歐元貨幣的成員國的中央銀行總裁共同組成(目前歐盟有12個成員國使用歐元,英國、丹麥及瑞典除外)。理事會的主要任務,在於確定歐洲中央銀行的總體政策運作規定,以及對歐盟貨幣政策做出決議。

　　此外,為了使未加入歐元區運作的成員國,對歐洲中央銀行的運作有所了解,另外設立「歐洲中央銀行擴大理事會」,其成員增加了未加入歐元運作的成員國國內央行總裁,其主要功能在於確定歐元與未使用歐元的成員國貨幣的匯率、蒐集各個成員國經濟貨幣發展資訊等。

　　至於董事會,則主要由歐洲中央銀行總裁1人、副總裁2人,以及4名董事共同組成,成員係由歐盟部長理事會建議,並獲得成員國政府元首的同意而任命,任期8年,且不得連任,其主要工作係執行由歐洲中央銀行理事會所賦予的貨幣政策職權。歐

洲中央銀行董事會的決策，通常依簡單多數決進行；至於歐洲中央銀行理事會通常也是以簡單多數決進行，只有在涉及收入盈餘的分配，以及關於歐洲中央銀行與成員國國內央行視為共同子機構等問題時，才需要條件多數決。

至於歐洲中央銀行的日常行政運作，則主要依賴其8個工作總署（directorates general），以及6個局（directorates）的600名行政官員。

三、歐盟的立法種類與決策程序

在某種程度而言，歐盟可堪謂為一個匯集諸多法律規定與總和法律秩序的共同體。一般歐盟的法律體系，包含歐洲煤鋼共同體、歐洲經濟共同體，以及歐洲原子能共同體三個共同體條約，及其條約附件與各類附加議定書，凡此稱為歐盟基本法（含修正與補充）；另外，由歐盟各機構依其運作需要，以前項基本法律為基礎所制訂的各類法令規章等，稱為歐盟派生法。目前歐盟主要的立法種類如下：

1. 規則（regulation）：對歐盟所有成員的政策，以及成員國具有直接與完全的法律拘束力。
2. 準則（directive）：主要針對成員國在涉及歐盟政策與目標達成等方面，具有法律約束力。
3. 決定（decision）：係針對特定的成員國或企業或個人具有約束力。
4. 建議（recommendations）與意見（opinions）：不具任何法律效

力。

此外，尚有由部長理事會或歐洲議會所做的決議（resolution），大體上均屬於該機構的自發性決議，對外並不具有法律約束力，不過，可以對成員國或其他歐盟機構產生若干政策行動作用。其他尚有執委會所公布的各種綠皮書或白皮書，前者主要針對某一特定議題，屬於意見徵詢的文件；後者則涉及範圍較廣泛，屬於一項發展政策的工具。

執委會也會針對法案進行溝通（communication），對歐盟政策發布通告（notice），以及委託第三者進行研究（studies）[8]。至於在歐盟的共同外交、安全、內政與司法政策方面，則大體上以確定共同立場（common position）、採取共同行動（common action）達成協議，以及對協議的執行採取具體的措施等方式。

歐盟法律的頒布程序，基本上因各個成員國的國內程序而有不同。在規則與準則部分，通常依其性質由部長理事會與歐洲議會，或單獨由部長理事會頒布；行政性的法令則由部長理事會或執委會公告。目前歐盟最主要的立法程序有：歐洲議會的聽證程序（或稱一讀諮詢程序）、合作程序、共同決策程序，以及歐洲議會同意程序等，茲分述如下：

(一)聽證程序

表示歐盟立法不須經過歐洲議會的實質審查，原則上，部

長理事會與執委會可以斟酌情形，聽取歐洲議會意見，即所謂「選擇性聽證」（Fakultative Anhoerung），歐洲議會也可以自發性提出其意見。此類程序涉及的政策，大抵上為貿易政策、教育文化、公共衛生，以及在經濟貨幣同盟政策所採取的各類措施等。

聽證程序係歐洲議會最原始的唯一立法過程中的職權。唯在經過1987年單一歐洲法、1993年馬斯垂克條約、1999年阿姆斯特丹條約的擴權之後，歐洲議會的立法參與權已獲得擴張，因此，類此聽證程序涉及的政策範圍也逐漸縮小。不過，仍有許多歐盟的重要政策立法，歐洲議會仍然無權置喙，例如間接稅的協調、歐盟預算準則、農業、工業、競爭政策、對國家的援助規定，以及有關社會、研究、環境與交通政策的各類措施等（請參見圖5-10所示）。

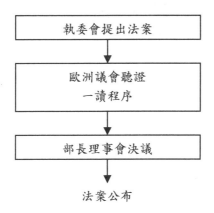

圖5-10　歐盟立法過程的聽證程序

（二）合作程序（或稱爲立法二讀程序）

　　歐盟自1987年的單一歐洲法案中，賦予歐洲議會立法合作權，藉以增加歐洲議會的立法影響力，即將其立法由原來僅具的一讀聽證，擴大到二讀同意的立法過程。其程序首先是由部長理事會對執委會提送的法案，無法於一讀程序階段完成即頒布，必須要確定其對法案的「共同立場（或意見）」之後，送請歐洲議會，行使其對「共同立場」的同意權，假如歐洲議會於3個月內，以出席議員投票的簡單多數同意，或未表示其他異議，部長理事會的「共同立場」即形同法案的批准。

　　不過，部長理事會的共同立場假如與執委會的立法意旨與態度相符，則僅需條件多數決的立法門檻，否則即須以一致決方式，確定其共同立場。唯若歐洲議會於二讀階段，以絕對多數決拒絕同意接受部長理事會的共同立場，則部長理事會必須再以一致決方式確定該共同立場，始能完成立法程序、頒布法律。至於執委會則爲了避免立法衝突，可依歐洲議會的意見修改法案內容，或者完全撤回法案，再依程序，送請部長理事會審查。

　　一般部長理事會有3個月時間公布法案，若部長理事會無法接受歐洲議會的修正意見，則須一致決同意。在此一程序中，若部長理事會無法於一定期間內，取得立法所需票數門檻，則可以請求歐洲議會延長一個月時間，若仍無法取得必要的決策多數，法案即宣告失敗。對此，執委會則必須重提法案，合作程序也須重新啓動（請參考圖5-11所示）。

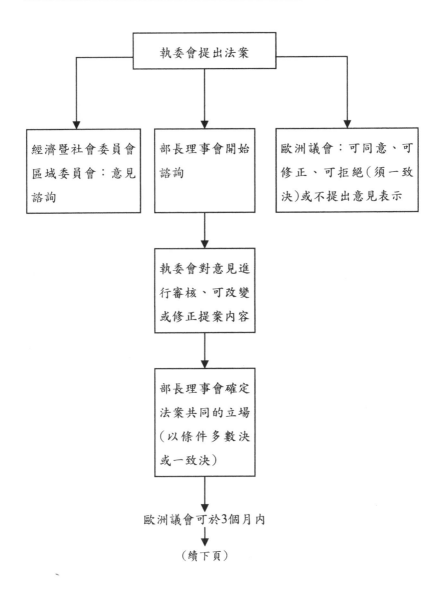

圖5-11　歐盟立法過程的合作程序

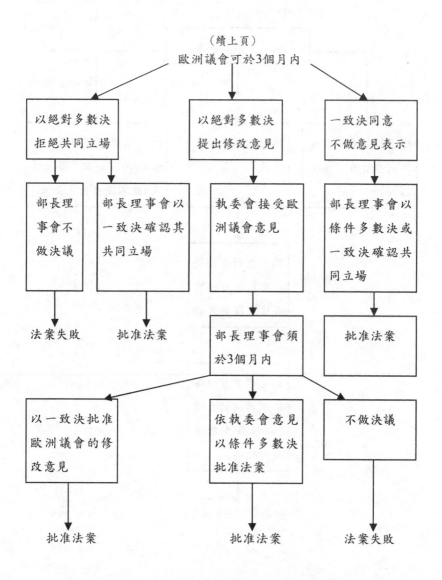

圖5-11　歐盟立法過程的合作程序（續）

(三)共同決策程序

是目前歐盟最重要的立法程序,自1993年馬斯垂克條約生效之後,歐洲議會取得實質的立法參與權。依尼斯條約最新規定,執委會提送法案經歐洲議會一讀意見表示之後,部長理事會須以條件多數決做出決定,假如部長理事會同意歐洲議會一讀意見,則由兩個機構共同頒布法案。

唯若部長理事會反對歐洲議會的意見,則部長理事會必須提出其立法「共同立場」,並通知歐洲議會其反對的理由。對此,歐洲議會得於3個月內,對部長理事會的「共同立場」進行二讀,若無異議,則法案在經過兩個機構的主席及議長的簽署後即可公告。但是,若歐洲議會以絕對多數拒絕接受部長理事會的「共同立場」,法案即告失敗。若歐洲議會向執委會及部長理事會提出修正意見,則部長理事會須於3個月內,對歐洲議會意見進行表決決策,唯執委會有不同意見,則部長理事會須以一致決決策,然後再頒布法案。

假如部長理事會無法接受歐洲議會的所有修正意見,則須由其主席並同議會議長,召集「調解委員會」進行法案協商。該委員會由兩個機構、各15名成員代表,以及執委會1名成員代表共同組成,唯執委會代表並無投票權。委員會會議以非公開為原則,並致力於6周內達成立法共識,經由調解委員會所提出的立法意見,部長理事會同樣須在6周內以條件多數決、歐洲議會須以出席投票的絕對多數決通過法案,否則法案即不能成立(請參見圖5-12)。

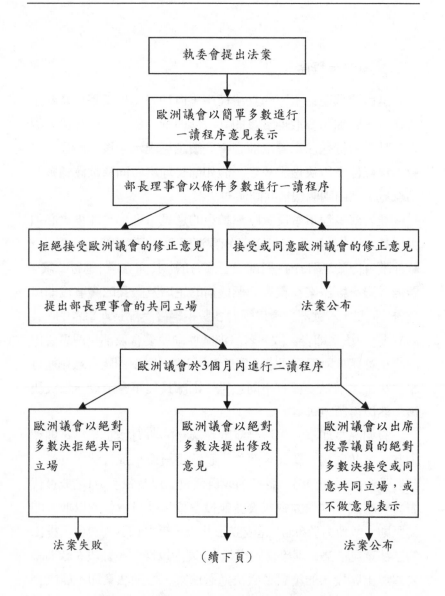

圖5-12　歐盟立法過程的共同決策程序

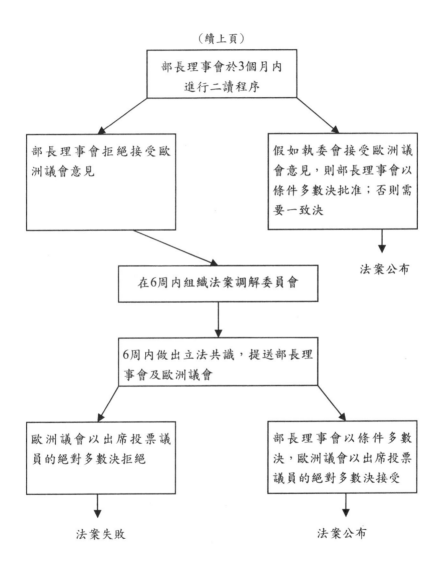

圖5-12　歐盟立法過程的共同決策程序（續）

(四)同意程序

　　主要是指歐盟許多決議須獲得歐洲議會的同意，特別是有
關新成員國申請加入的協定、各種與開發中國家簽署的聯繫或
合作協定、各類國際協定、關於聯盟公民法令、結構基金的用
途、目標與組織結構的確定等。其程序是在部長理事會完成相
關立法程序，或做出適當的決議之後，提請歐洲議會行使同意
權。類此決議僅有接受或拒絕兩途，不能提出任何修改建議。

　　除了以上正式的立法程序之外，歐盟也有若干單一性的法
令程序，賦予歐洲議會相當的立法權限，諸如預算程序、與第
三國或國際組織簽署的國際協定、歐盟自主性財源體系的各種
規定、決策程序的民主赤字問題、經濟暨貨幣聯盟各階段的預
算監督程序等。

四、歐盟的預算結構與運作程序

　　歐盟的財政與預算來源在1970年以前，基本上係由各個成
員國依比例分攤，唯在1970年關稅同盟完成之後，其財政遂逐
步朝向自主性財源方向。自1988年6月24日部長理事會做出自主
財源體系之後，基本上歐盟預算即由其自主性財源負擔。所謂
「自主性財源」，主要包括關稅（13.1%）及農產品稅捐（2%）（2001
年合占15.1%）；加值型營業稅捐（2001年占35.6%；自每一個成
員國稅入中提撥1.3%的比例）；各成員國國內社會生產總值提撥
不超過1.27%比例（2001年占48.5%）；其他財源包括利息，歐盟

工作人員稅收來源，以及由歐洲法院所判決的各種罰金收入等
（2001年占0.8%）。

　　至於在支出的結構面上，以2001年執委會所提預算草案，
依序是共同農業政策（45.5%；1996年占47.2%）、結構政策
（33.7%；1996年占33.7%）、內部政策（6.3%；1996年占6.1%）、
對外政策（5.1%；1996年占6.1%）、行政支出（5.1%；1996年占
4.7%）、預算保留（1.0%；1996年占2.2%）；現階段則增加因應歐
盟的擴大所需之支出（3.3%）。值得注意的是，農業政策的支出
自1970年占90%，已逐步降低到2001年的45.5%，主因是歐盟結
構基金的設置，兩者總計約占歐盟總預算的80%。

　　目前歐盟預算程序規定於條約第268條至第280條之中，另
外值得注意的是，由部長理事會、歐洲議會以及執委會三個機
構，為減輕預算負擔，共同協議所提出的多年期財政預測，此
一機制自1988年開始實施，第一次期間為1988至1992年，第二
次為1993至1999年，最近一次則為2000至2006年。財政預測不
僅作為歐盟總預算上限的參考，同時也確定重要預算支出的項
目數額，各成員國國內社會生產總值的提撥比率，最高也限制
不得超過1.27%（請參考表5-5所示）。

　　根據歐盟條約第272條的規定，歐盟預算分成義務性支出與
非義務性支出兩大類。前者係直接、間接載於歐盟條約規範中
的支出，例如農業以及歐盟依國際協定所須支付的各種預算；
後者大抵是指區域、環境、教育、研究、社會政策，以及各機
構與部門的行政支出等。兩者所占比例大約各50%。預算審查程
序大抵可分成四個階段：

表5-5　2000至2006年歐盟財政預算編列預測

（單位：百萬歐元，%）

年度 支出項目	2000	2001	2002	2003	2004	2005	2006
共同農業政策	46050	46920	47820	48730	49670	50630	51610
結構政策	36640	37470	36640	35600	34450	33410	32470
對內政策	6390	6710	6880	7050	7230	7410	7600
對外政策	6870	7070	7250	7430	7610	7790	7900
行政支出	4730	4820	4910	5010	5100	5200	5300
預算保留	850	850	600	350	350	350	350
總支出	101530	103840	104100	104170	104170	104790	105230
占國內社會生產總值的百分比	1.24	1.24	1.22	1.20	1.18	1.15	1.13
國內社會生產總值的最高上限百分比	1.27	1.27	1.27	1.27	1.27	1.27	1.27

資料來源：*EU-Nachrichten-Dokumentation*, Nr.2（1998.3.19）.

（一）第一階段

　　歐盟各機構於每年7月1日前，提出預算支出草案，由執委會根據各項預算支出草案，提出其年度前置性預算草案，並最遲於9月1日前，將草案送交部長理事會以條件多數決決議，同時，最遲在10月5日前交付歐洲議會，進行一讀程序審查。

（二）第二階段

　　歐洲議會在45天內做出決議，接受或向部長理事會提出修

正案。在義務性支出方面，歐洲議會得以出席投票議員的多數，即可向部長理事會提出修正案；至於在非義務性支出方面，歐洲議會則須獲得絕對多數決的同意。

（三）第三階段

歐洲議會預算修正案交付部長理事會，部長理事會須於15天內做出決議，決議內容若與歐洲議會意見相符，則預算即告通過。

（四）第四階段

若部長理事會提出不同於歐洲議會的意見，則必須進行歐洲議會的二讀程序，由歐洲議會於15天內（通常在12月20日以前），以絕對多數決，以及出席投票的3/5多數決通過預算案。在此階段，表示歐洲議會可以拒絕接受歐盟的預算案，並要求執委會重提預算草案[9]。

假如在預算年度開始之際，預算案未能如期批准，則可依據歐盟條約274條的規定，動用「緊急預算權」，或稱為「暫時性1/12預算權」，以執行中的預算為標準，每個月支出總額不得超過1/12。

9　Lothar A. Ungerer, "Haushalt der Europaeischen Union", in Wolfgang W. Mickel(ed), *Handlexikon der Europeaischen Union*(Koeln: OMNIA Verlag, 1998), pp.293-298.

五、歐盟對外關係發展的總體框架與行為模式

自從東西冷戰衝突結束，特別是第二次波灣戰爭與前南斯拉夫內戰衝突事件以來，歐盟在未來將扮演何種國際角色，迭受政界與學術界的關注與討論。

過去，歐盟以其強大的經濟與貿易實力，在國際事務上具有突出且重要的地位。不過，隨著國際關係情勢的變化，歐盟對外政策似乎並未因此使得歐盟在國際政治地位方面足以與美國抗衡。在歐盟共同外交暨安全政策(Common Foreign and Security Policy，簡稱CFSP)方面，國家政府間合作基礎上運作的結果，既難以形成共同的歐洲國防政策，也連帶使得歐盟形成「一體化的世界強權」的企圖受到極大的挑戰。

唯若以傳統的國際政治與權力政治的觀點，衡量歐盟的國際角色，將無法真實呈現出歐盟對外關係的重要性及其本質，以及歐盟作為國際政治行為者(actor)的影響力與實力。因為，歐盟對外關係的發展，有其多元面向與雙元主義(dualism)：以歐盟共同外交暨安全政策為主的第二根支柱，以及以對外經濟與貿易政策為主的第一根支柱。同時，隨著1999年開始的貨幣同盟，以及歐元的實施，更形成歐盟影響國際經貿秩序的第三個發展面向。對此，Bretherton與Vogler將之形容為歐盟對外關係的「多元面向」(Multi-faceted)[10]。

10　C. Bretherton & J. Vogler, *The European Union as a Global Actor*

歐盟發展對外關係，基本上應包括下列範疇：
1. 歐盟共同外交暨安全政策架構下的對外關係與擴大議題。
2. 共同貿易、聯繫，以及發展合作政策的對外關係。
3. 雙邊及多邊關係。

根據歐盟執委會(Commission)於1997年所公布的「2000年議程」（Agenda 2000），加強歐盟對外關係與處理外交事務的能力，已成為歐盟二十一世紀的重要議題。就歐盟共同外交暨安全政策而言，尚未形成歐盟的一體化政策，而停留在政府間的協調合作階段，充其量僅可將之視為歐盟發展對外關係的一種「行為模式」的參考。

再就擴大議題(enlargement)而言，歐盟執委會已於2002年12月9日結束與塞普勒斯、捷克、愛沙尼亞、拉脫維亞、立陶宛、匈牙利、馬爾他、波蘭、斯洛伐克及斯洛維尼亞等10個中東歐國家的入盟談判，預料自2004年5月1日開始，歐盟將完成第五次擴大，以便新成員國能夠及時參加2004年6月舉行的歐洲議會直接選舉。

其次，就歐盟的共同貿易、聯繫，以及發展合作政策方面而言，包括對地中海地區國家夥伴關係的建構、「歐盟地中海聯繫協定」（Euro-Mediterranean Association Agreements）；對非加太國家(ACP countries)的各項聯繫與發展協定，諸如洛梅協定

(London/New York: Routledge 1999), p.31.

（Lomé Convention）、柯多努協定（Cotonou Convention）等；與亞洲、拉丁美洲國家的貿易優惠協定（GSP），及一系列合作協定（Co-operation Agreement）；以及與獨立國協（CIS）國家的合作與夥伴協定等，均屬之。

至於在其他雙邊與多邊關係方面，歐盟主要係以經濟結盟促進利益為考量，其經濟政策的運行，主要係依循自由化與多邊性的經濟秩序架構，因此，歐盟的對外關係具多邊性（multilateral）、區域性（regional），以及雙邊性（bilateral）的發展特色。

根據歐盟執委會的2000年議程內容分析，歐盟企圖建構一個更為堅實強大的歐洲政經實體，強調將增加對國際事務的參與，包括和平與安全的鞏固、民主與人權價值的促進、對開發中及低度開發國家提供援助、防禦其社會發展模式，並建立其對世界市場的影響力。據此，歐盟將逐漸以集體行動的模式，發展其對外關係，並展現其成為一個遂行對外政策的全球性行為者的角色。

尤其是自東西衝突結束之後，歐盟即定位其乃跨國性與跨區域的國際行為者，積極促進區域間的多邊合作計畫，包括東南亞國協、亞歐高峰會議（ASEM）、南錐共同市場（Mercosur）、非加太國家、里約集團國家（Rio-Group）等，以及以合作性多邊主義模式，維持其對國際社會的影響力。同時，以夥伴關係結構，建立多層級的合作框架，包括雙邊的歐盟與日本、俄羅斯、美國、中國大陸，乃至於對地中海地區國家、對歐洲安全合作組織、對世貿組織的互動夥伴網絡體系等。

另外在跨大西洋關係方面，1995年12月歐盟與美國於馬德里舉行高峰會議，並簽署「新跨大西洋議程」（New Transatlantic Agenda），確立彼此的共同行動計畫。其中，雙方認知建構新的跨大西洋市場的重要性。該項議程主要包含以下主要目標：

1. 促進世界的和平、穩定與發展。
2. 對全球構成挑戰議題的反應，諸如國際毒品走私及恐怖主義等。
3. 擴大世界貿易市場，以及加強多邊貿易架構體的建立，即世界貿易組織。
4. 建構跨大西洋的商業、文化、學術及教育政策關係的深化橋梁。

對此同時，歐盟與北美自由貿易集團亦熱烈討論「跨大西洋自由貿易區」（Transatlantic Free Trade Area）的建立。唯由於雙邊對於是否該自由貿易區先行對第三國採取歧視待遇，或促成全球自由貿易化仍存有歧見，同時對於產品標準化問題，亦尚未完全達成共識。因此，爭議仍層出不窮。

雖然如此，美國與歐盟仍於1997年達成協議，就特定產業（諸如電訊與醫療設備）彼此同意產品標準化。此外，雙邊並同意制訂競爭規定，並開放金融市場。此外，1998年11月歐盟部長理事會批准執委會所擬議的「跨大西洋經濟夥伴」行動計畫（Transatlantic Economic Partnership），就彼此在世貿組織架構下，進一步透過自由化步驟，以及相關法令規章障礙的祛除，以加強雙邊的經貿合作關係。

除美國外，歐盟與拉丁美洲國家亦透過關稅優惠協定的簽訂，加強彼此的政經聯結，具體的成果詳見於雙方於1996年所達成區域間合作協定，特別是歐盟及其成員國，與南錐共同市場(Mercosur)的阿根廷、巴西、巴拉圭、烏拉圭等國。基本上，歐盟對外關係，不論是雙邊、區域或全球性的協商與談判，均由執委會代表。截至2001年年底爲止，執委會在全球158個(1999年僅有128個)政府與國際組織派駐代表，計有130個國家派遣外交代表駐節歐盟。

仔細觀察歐盟與第三國有關合作協定的精神，主要仍在於以經貿關係爲主軸，並與多數國家建構定期性的高層政治接觸，擴大關係發展的管道與範疇。雖然，歐盟總人口數僅占全球人口總數的6%，唯卻占全球貿易市場總額的1/5，在共同貿易政策的架構授權下，歐盟取得超國家的職權，與第三國簽署各類雙邊與多邊協定，而其逐行的工具手段，厥唯前述的各類聯繫、合作與發展政策。

筆者多年關注歐盟對外關係的發展，曾先後就歐盟的第五次擴大、歐盟地中海夥伴關係、歐盟的中國大陸政策、歐盟的發展合作政策等進行研究，並發表成果。

有鑑於歐盟對外關係發展的範疇日趨廣泛，其性質多重、多元，許多學者逐漸以行爲者(actor)理論，檢視歐盟發展對外關係的政策效果。例如，舒伯特與米勒(G. Mueller-Brandeck-Bocquet)(2000)即曾主編《歐盟視爲世界政治之行爲者》(*Die Europaeische Union als Akteur der Weltpolitik*)一書，集合17位作者，分就歐盟對外關係的部分進行分析。根據此書，歐盟發展

對外關係，針對不同區域、不同發展階段國家等，均有其不同
的行爲模式與策略考量。

例如歐盟的東擴，即顯示其即使有相當程度統合困難，但
仍將之視爲必然的挑戰，即所謂"no business as usual"；又如歐
盟與地中海夥伴關係，即展現其「多層級決策體系」的結構需
求；再如雙邊方面，對美國則融合合作、競爭與衝突的關係框
架，對俄羅斯則藉由對務實的合作，邁向戰略性的夥伴關係；
對於東亞地區，又發展出「區域主義間」（inter-regionalism）的
發展模式；對東南亞國協，則介於「經濟利益」與「良心虧欠」
之間擺盪；對拉丁美洲地區的關係，雖有機會卻也出現局限；
與非加太國家之間，則扮演積極的南北衝突協調行爲者的角
色。

另外，在多邊國際互動網絡體系中，歐盟在國際環境政策、
國際經濟貿易法秩序，以及歐元實施對世界金融秩序與規則方
面，甚至在安全議題的參與方面，歐盟確已十足展現其插足國
際舞台、發揮重要影響力的企圖心。同樣的，在C. Bretherton及
J. Vogler（1999）所著的《歐盟：視爲全球行爲者》（*The European
Union as a Global Actor*）一書中，大體上也以行爲主體理論，檢
證歐盟的對外關係發展（包括南北關係與發展合作、經貿角色、
環境外交、外交國防安全角色、與鄰近國家的聯繫角色，以及
建構歐洲認同的合法性等）。

根據研究顯示，歐盟對外關係的推動，具合法性、合理性
與必要性，應是無庸置疑的，且尚須提高歐盟對危機預防與處
理的能力，尤其是針對中東歐地區、巴爾幹半島、俄羅斯、地

中海區域與中東地區，多年來歐盟採取不同的執行策略。不過，明顯的，歐盟的對外角色仍然受到相當的局限性，一則是來自於歐盟成員國各自殊異的國家利益考量；一則是受限於歐盟機構間決策的協調（如歐盟高峰會元首會議、部長理事會、執委會、歐洲議會等）。雖然如此，歐盟仍然積極地以其「合作性多邊主義」（cooperative multilaterialism）為基礎，加強與不同區域間國家或組織的聯繫，且致力於「夥伴精神」（Partnerschaftsgeist）的塑構。

　　簡言之，歐盟發展對外關係最常用的工具機制，厥唯透過財政、經濟援助手段，以及社會文化利益融合、社會政治安全議題等作為發展模式，此一模式亦稱之為「三籃模式」（drie Koerbe-Modell）。二十一世紀歐洲政治統合工程是否得以順利完成，其中最重要的關鍵，即是完成歐盟共同外交暨安全政策，以及共同內政司法政策（CHJP）的落實，而歐盟共同外交暨安全政策則為歐盟對外發展關係的重要政策要素。

（一）歐盟東擴與獨立國協等的關係

　　本部分將探討歐盟東擴相關（特別關注波羅的海三小國）問題，以及歐盟與獨立國協國家的關係探討。針對此一問題，自1989年冷戰結束以來，歐盟即對中東歐地區國家，採取逐步漸進的政治與區域畫分的不同政策。其中之一係針對中東歐的15個國家（包含波羅的海三小國），另一類則是獨立國協國家。

　　對於前者，歐盟已於2002年12月9日正式通過10個中東歐國家加入歐盟。對於這些國家，歐盟主要以合作、聯繫、協定

等方式，協助其政經轉型，俾使其能符合加入歐盟的條件，其中最具成效者爲歐洲協定（Europe Agreement）的簽署與執行，其他諸如貿易與合作協定，也產生了極大的正面效應。對此，歐盟以傳統的政策工具（例如市場開放、財政支持及政治對話），再輔以漸進式的條約政策爲機制，逐步完成歐盟的第五次擴大。

至於獨立國協國家，特別是俄羅斯（除了烏克蘭與摩達維爾共和國之外）並無意加入歐盟，因爲俄羅斯仍自認爲是歐亞間的強權與政治核心，歐盟則視俄羅斯爲現代化進程中的夥伴，雙邊透過1997年生效的「夥伴合作協定」（Partnership and Cooperation Agreement，簡稱PCA）爲基礎，逐步形成歐盟1999年的「共同策略」（Common Strategy）。

透過技術援助計畫（Technical Assistance to the Commonwealth of Independent States，簡稱TACIS），歐盟對俄羅斯提供技術性援助。就夥伴合作協定而言，其內涵包括經貿合作、科技合作、政治對話，以及內政司法合作四大範疇；就共同策略而言，則主要包括民主、法治與公共機構，將俄羅斯納入歐洲共同經濟與社會圈、穩定歐洲和平環境，以及其他相關的環境、文化與犯罪非法移民問題的解決等。

此外，歐盟與俄羅斯尚有單一產品的協定，例如2002年7月完成「鋼鐵協定」（Steel Agreement）、1998年完成「紡織品協定」（Textiles Agreement）等。雙邊的合作組織架構，則包括每年舉行兩次高峰會議（代表包括歐盟輪值國主席、執委會主席，以及俄羅斯總統）；另外設置部長級的合作委員會（Cooperation

Councils），每年舉行一次會議，以及資深官員層級的合作委員
會（Cooperation Committees），與工作技術層級的九個次級委員
會（Sub-Committees）。歐洲議會議員與俄羅斯杜馬國會議員也組
成「聯合議會委員會」（Joint Parliamentary Committee），相互商
討共同關切的議題。

　　至於獨立國協的其他加盟共和國，如亞美尼亞、亞塞拜然、
白俄羅斯、喬治亞、喀什斯坦、吉爾吉斯坦、摩達維爾、塔吉
克斯坦、烏茲別克斯坦、烏克蘭、土庫曼尼斯坦等，歐盟主要
發展目標在於協助推動市場經濟的轉型，以貿易為主軸，漸進
推演至政治文化安全關係的建構。根據統計，歐盟透過技術援
助計畫（TACIS），在1991至1999年期間，總計提供給獨立國協國
家42億2600萬歐元的協助，在2000至2006年期間，又追加承諾
預算達31億3800萬歐元。

　　另外，在歐盟與波羅的海三小國（Baltic States）的關係發展
方面，無疑的，立陶宛、拉脫維亞、愛沙尼亞均將於2004年加
入歐盟，加入歐盟也是該三國自1990年代初期獨立以來，最重
要的外交戰略目標。在雙邊互動關係中，最重要的問題是歐盟
如何影響「內波羅的海」地區的區域與次區域關係。波羅的海
三小國積極推動其東海區域的跨國關係〔例如成立波羅的海企
業高峰會議（the Baltic Sea Business Summit）〕，又透過波羅的海
國家理事會（the Baltic Sea States Council），以及波羅的海委員會
（the Baltic Sea Council）的組織架構，推動與歐盟的關係。

　　至於在東南歐國家（主要集中在西巴爾幹半島地區），諸如
阿爾巴尼亞、波士尼亞、赫最哥維那、克羅埃西亞、南斯拉夫、

科索伏、門特尼哥羅、塞爾維亞以及馬其頓等，則由於地區的
衝突與不穩定因素，歐盟主要以維持該地區的和平穩定為首要
目標。

(二)歐盟與各區域間的關係互動網絡

1. 歐盟與非加太地區國家的關係：背景、發展與問題

　　根據歐盟各類規章與條約的規範，歐盟開發合作政策的核
心，厥為與77個非加太國家所簽署的洛梅協定，與地中海地區國
家建立夥伴關係所推動的「地中海政策」(The Euro-Mediterranean
Partnership)，以及與其他個別開發中國家所簽署的各種合作協定
等[11]。不過，其中最重要的仍然是洛梅協定，該協定係歐盟於1975
年2月28日在多哥(Togo)首都洛梅，與當時46個非加太國家所簽
署，其後經過1979、1984、1989年三次延長協定效期。在洛梅協
定第I期至第III期的有效期均為5年，自1990年9月1日所生效的洛
梅協定第IV期，則延長為10年(唯財政性貸款部分仍然維持5年)。
　　洛梅協定的前身，是歐盟依1975年羅馬條約第131至133條
的授權，分別於1964年7月10日，以及1971年1月1日，在喀麥隆
首都雅翁得所簽署的「雅翁得協定I&II」(Yaoundé I&II)。期間
的轉變，主要係因應英國於1973年加入當時的歐洲共同體，為
使大英國協成員國與歐盟之間維繫平衡的夥伴關係，除了非洲
地區國家之外，也應納入加勒比海及太平洋島嶼國家(請參考表
5-6)。

11　參見歐盟條約第118、133、308及310條的規定。

表5-6 洛梅協定簽訂前歐盟與非加太國家的合作框架

年	合作框架(項目)	非加太國家 參與國家數	歐盟 國家數
1957	· 歐洲經濟共同體條約第131條至第 136條提供經濟基礎。 · 由歐洲開發基金提供援助(1958至 1963年)。		
1963	· 雅翁得第I期協定,主要對非洲地 區殖民國家提供貿易優惠。 · 由歐洲開發基金提供援助(1964至 1969年)。	18	6
1969	· 雅翁得第II期協定。 · 由歐洲開發基金提供援助(1969至 1974年)。	18	6

　　歐盟與非加太國家所簽署洛梅協定的基本目的,係試圖建立依各大經濟區賦予公民遷徙自由,對協定國提供有效的財政援助,加強穩定非加太國家的出口所得體系,以及加強機構間的合作。

　　根據洛梅協定的內容,歐盟與非加太國家的合作範圍主要如下:

(1)在貿易政策合作方面,主要是歐盟對幾乎所有來自非加太國家的產品,均給予免除關稅待遇;不過,農產品仍然必須依據歐盟共同農業政策的農業市場規則處理,此乃歐盟採取的農業保護主義。

(2)在農工業原料合作方面,自洛梅協定I期開始,歐盟即建立穩定出口所得體系(STABEX),目的在於避免農產品

原料出口所得的震盪與不定，其中更有49項農產品原料
納入歐盟清算支付體系，因此產品原料的出口所得，將
受到特定參考價格的保障。以洛梅協定第III期為例，歐
盟此項支付體系達9億2500萬歐元，到洛梅協定第IV期
的1990至1995年期間，達15億歐元，1995至1999年更高
達18億歐元。

(3)關於洛梅協定第I期所協議的糖製品議定書中，歐盟保障
了18類自非加太國家出口糖類製品，每年130萬噸的保
證價格，此一協議在其後各期的洛梅協定中，仍然獲得
保障。

(4)洛梅協定第II期建立有關礦採的財政金融與多元投資的
信貸體系(SYSMIN)。此一體系保障了非加太國家礦產
出口利潤的穩定性，歐盟提供具體的開採、金融、投資
與重建計畫，協助非加太國家的競爭力。財政金融與多
元投資的信貸體系更進一步考量礦產產業的出口利潤
下降，危及其生存，則歐盟願將保障擴大適用於銅條、
磷酸鹽業、鋁業，以及氧化鋁業等。

(5)對非加太國家的財政及技術援助方面，主要在提升農業
產量、糧食保障，與協助農村發展，歐盟成立「農業技
術中心」推動此項工作。

　　此外，在私營經濟、中小企業方面，歐盟成員國與非加太
國家企業界也成立許多合資企業，並由設於布魯塞爾的「工業
發展中心」提供各項援助；至於其他如能源、服務、運輸、傳

播、貿易、文化與社會合作方面，歐盟也依其需要，提供各種
支持[12]。

在歐盟與非加太國家的合作架構與執行機制方面，雙邊成
立了部長理事會（Council of Ministers）、大使級委員會
（Committee of Ambassadors），以及議員大會（Joint Assembly）
等。部長理事會主要由歐盟的部長理事會成員、執委會委員，
以及非加太國家政府成員代表組成。其功能主要是確定洛梅協
定的執行與實施的主要指導原則，並對協定目標的達成，做出
政治性決議。大使級委員會主要由歐盟成員國的常設代表、執
委會的一個委員，以及個別非加太國家駐節歐盟的使節團大使
級成員共同組成，主要是作為部長理事會的協助機構與爭端調
解機構。至於議員大會，則由歐洲議會議員與非加太國家所任
命的國會議員共同組成，主要是作為意見諮詢的機構。

歐盟對非加太國家的財政支持，主要是依據1957年建立的
「歐洲開發基金」（European Development Fund）所提供。通常是
以5年為期，援助的額度自洛梅協定第I期的31億歐元，增加到洛
梅協定第IV期後半期（1995至1999年）的130億歐元。

此外，歐洲投資銀行也提供若干貸款協助，以1995至1999
年為例，一共提供17億歐元，作為非加太國家的開發計畫；至
於在穩定出口所得體系，計提撥18億歐元，財政金融與多元投

12　Karl Engelhard, "Lomé-Abkommen", in Wolfgang W. Mickel(ed.),
　　Handlexikon der Europaeische Union(Koeln: OMNIA Verlag, 1998),
　　pp.335-339.

資的信貸體系基金，也達5億7500萬歐元，結構基金達14億歐元，各項區域計畫的執行基金達13億歐元。此外，尚有許多特殊贈與基金的援助，例如永續發展、對私部門的資助，以及協助行政機構的各項改革措施等。

　　自1990年9月1日生效的洛梅協定第VI期，基本上除延續前3期的各項計畫之外，更增加許多合作措施，類此概以「共同聲明」(common declaration)方式，對人權保障、民主監督、改善穩定出口所得體系及財政金融與多元投資的信貸體系、提高援助基金，以及對非加太國家解除或放鬆貿易出口的「原產地規則」的規範限制等。

　　2000年6月23日，歐盟及其成員國與77個非加太國家，在貝寧(Benin)首都柯多努(Cotonou)簽署一項為期20年的夥伴協定(即柯多努協定)，不過，在財政性附加議定書部分，仍然維持5年。與洛梅協定不同的是，此一夥伴協定不僅擴大規範的範圍，同時在貿易與開發合作政策方面也擴大許多，特別是建立了廣泛的政治對話管道，針對彼此關切的共同性、一般性、地區性，以及次區域性利益議題交換意見。

　　在貿易關係方面，雙方也同意逐步撤除貿易障礙，解除保護性條款，作為改善投資環境的先決條件；在開發合作政策方面，協定中歐盟對財政性的援助，擴大了各種級別適用的可能性，同時將目標特別指向解決貧窮問題。

　　根據柯多努協定第56條規定，歐盟在促進非加太國家的區域合作、長期區域發展，及促進投資方面，在為期5年的時間內，將自「歐洲開發基金」中提撥135億歐元；歐洲投資銀行也將準

備提供最高17億歐元的貸款援助。

至於在洛梅協定時代所建立的穩定出口所得體系，以及財政金融與多元投資的信貸體系的援助，將不再適用，對於可能因此產生的負面衝擊，以及對非加太國家出口利潤的不穩定情形，歐盟將以前述的援助措施予以因應[13]。未來歐盟將可能在世界貿易組織架構下，對開發合作政策的發展，逐步採取以加強市場經濟為合作導向的模式。

根據柯多努協定所建構的歐盟與非加太國家的新夥伴關係，主要集中在五個面向：

(1)持續推動政治對話(ongoing political dialogue)，防制人權濫用與民主法治原則的違犯等，對此，歐盟也特別著重在公共事務議題的「善治」(good governance)討論。

(2)協助非加太國家建立「公民社會」(civil society)，歐盟特別鼓勵經濟與社會性質的非政府間國際組織參與改革，並提供非政府間國際組織更多的資源與計畫，藉以完成「公民社會」塑構的政策目標。

(3)減少貧窮問題，此係柯多努協定中最重要的政策目標，歐盟希望藉由經濟、文化、社會與組織多面向的互動，發展協助非加太國家的資源整合。

(4)建立新的貿易架構，因此，歐盟希望於2008年擴大與非加太國家的貿易自由化。

(5)針對歐洲開發基金(EDF)，以及各項財政性援助計畫進

---

13 參見柯多努協定第68條規定。

行改革，此一協定原則上可望於2002年年底前完成批准
程序生效。

值得一提的是，柯多努協定的簽署國，增加了南太平洋離
島的六個島嶼國家，分別是庫克群島（the Cook Island）、馬紹爾
群島（the Marshall Island）、米克羅尼西亞聯邦國（the Federated
States of Micronesia）、諾魯（Nauru）、紐伊（Niue），以及帛琉（Palau）
等。

2. 歐盟與南非的關係：背景、發展與問題

自歷史發展背景觀察，歐盟對南非的開發合作政策，可以
從歐盟於1985年外長會議中，對南非因為實施種族隔離政策，
因此採取以積極措施與消極措施的「雙軌政策」（twin-track policy）
為例。

所謂消極政策（negative measures），主要指涉歐盟針對南非
實行種族隔離政策（apartheid），而採取經濟制裁。至於積極措施
（positive measures），則係以歐盟的特別計畫（European Special
Programme，簡稱ESP），對於因種族隔離政策而犧牲的南非人
民，所提供的措施。

歐盟的特別計畫主要由歐洲議會於1985年提出，並經由歐
盟高峰會議的確認，於1986至1994年間，總計提撥約4億5800萬
歐元的基金，進行超過700項計畫的推動，其中教育訓練占41%、
人權與民主化推動占14%、與歐盟的開發合作計畫部分占12%、
鄉村發展占9%，以及健康與公共衛生、福利設施方面占8%。

　　歐盟的特別計畫於1995年，更名爲「歐盟南非復興與開發計畫」（European Programme for Reconstruction and Development in South Africa，簡稱EPRD）[14]。歐盟南非復興與開發計畫的推動，促成歐盟與南非政府的進一步合作，該計畫主要集中於對南非的治理（good governance），與行政組織機構的改革、教育與健康等社會部門的改造工程等。

　　歐盟甚至於1997年5月，通過1997至1999年的「多年期指標性計畫」（Multiannual Indicative Programme，簡稱MIP），作爲雙邊合作計畫的指標原則。歐盟根據此一計畫，每年對南非提供平均約1億2500萬歐元的財政支持。

　　歐盟並進一步於2000年6月，通過2000至2002年的多年期指標性計畫，並由執委會提出2000至2002年的「對南非國家策略文件」（Country Strategy Paper for South Africa for 2000-2002），此一文件中並經由歐盟成員國批准通過[15]。

　　根據2000年的多年期指標性計畫，歐盟提供南非的各項援助，主要包括基礎性社會服務項目（如公共衛生、住居、水力與

14　南非於1994年4月舉行大選，並建立一個民主政府，歐盟鑑於南非種族隔離政策的結果，對於南非的開發合作政策轉趨積極，並支持南非的各項改革。同時，歐盟執委會也開始考慮將南非政府作爲歐盟開發合作政策的對話夥伴。請參考 Gorm Rye Olsen, "Bureaucratic Interests and European Aid to Sub-Saharan Africa", in Marjorie Lister(ed.), *European Union Development Policy*(London: Macmillan Press Ltd., 1998), pp.64-96.

15　Budget-Article B7-3200 "South Africa", http://europa.eu.int/comm./ development/country/za-en.htm.

下水道設施等）、私部門的發展項目（如企業併購、中小企業的
發展等）、民主化與善治（good governance）方面（如人權與法治發
展等），以及區域統合促進措施等。

　　歐盟的多年期指標性計畫，主要係由南非政府的財政部、
私部門，以及非政府間國際組織等共同執行[16]。至於歐盟執行對
南非開發合作政策的法源基礎，主要係依據1996年11月22日部
長理事會所頒布的第2259號規則，以及2000年6月29日所頒布的
第1726號規則[17]。

　　歐盟推動南非復興與開發計畫的主要目標，仍在於促進南
非經濟暨社會的永續發展，減少貧窮人口，並與世界經濟發展
接軌，建立民主法治人權福利的社會。雙邊合作的主要範疇，
包括將南非經濟引入國際經貿規範秩序體系之中，創造就業市
場、協助私部門發展，以及在南非關稅同盟（Southern African
Custom Union）架構下，推動區域統合運動、改善南非生活條件、

16　主要的非政府間國際組織包括南非教會委員會（The Southern
　　African Council of Churches，簡稱SACC）、南非天主教主教會議（The
　　Southern African Catholic Bishops Conference，簡稱SACBC）、卡吉
　　梭信託財產保管委員會（Kagiso Trust），以及工會同盟（Trade Unions）
　　等。

17　Regulation（EC） No.1726/2000 of the European Parliament and of the
　　Council（2000.6.29）on development cooperation with South Africa,
　　Official Journal of the European Communities, No.L198/1（2000.8.4）；
　　根據該項規則，歐盟於2000至2006年間，將提供南非達8億8550萬
　　歐元的財政性援助；僅2000年一年，歐盟的承諾性貸款（commitment
　　credits）亦達1億2350萬歐元。

支持民主化、加強地方政府的職能、融入公民社會建立的要素
等(請參考表5-7)。

表5-7　歐盟對南非開發合作政策的發展

年份	1985	1995至1996	1997至1999 2000至2002
援助計畫名稱	特別計畫	歐盟南非復興與開發計畫(EPRD)	多年期指標性計畫(EPRD)
政策目標	對因受種族隔離政策犧牲者的援助	對南非國家經濟復原與社會發展的協助	對南非經濟成長、就業與資源再分配計畫的協助(GEAR)
計畫對話夥伴	非政府間國際組織(NGOs)	南非政策	國家授權的官員代表(NAO)
計畫執行代理人	非政府組織	南非政府、非政府間國際組織以及私部門代表	南非政府、非政府間國際組織以及私部門代表
計畫形態	以援助計畫方式：不限制計畫權	以連續性計畫方式：限制計畫權	以連續性多年期指標性計畫(MIP)鎖定特殊援助領域
援助計畫性質、範疇	教育、鄉村發展、健康、善治、民主化以及協助個體企業的發展	與南非政府協商達成「意向聲明」(Declaration of Intent)合作領域：教育訓練、健康、城鄉發展、促進經濟合作及貿易投資、支持中小企業及個體企業的發展、善治與民主化	主要集中三大領域：基礎性社會服務(如健康、建育訓練、水力及地下道工程等)私部門的發展善治與民主化

資料來源：BUDGET-ARTICLE B7-3200 "SOUTH AFRICA", http://europa,eu,
int/comm/development/country/za_en,htm.

3. 歐盟與拉丁美洲地區的關係：背景、發展與問題

歐盟與拉丁美洲國家間關係的發展，不同於非加太國家與地中海地區國家（MNC countries），後者於1957年羅馬條約生效後，雙邊關係即依條約的授權開展。不過，自1960年代以來，歐盟即開始推動與拉丁美洲國家的政治與貿易關係，並簽署系列合作協定。

1970年7月，拉丁美洲地區特別協調委員會（Special Latin America Co-ordinating Committee，簡稱CECLA）部長級會議，曾經發表「布宜諾斯艾利斯聲明」（Buenos Aires Declaration），呼籲加強歐盟與拉丁美洲國家的關係。對此，歐盟部長理事會亦迅速於同年12月做出建設性的回應，表示建立常設性合作機制的必要性。

同時，歐盟執委會也於1971年，提出共同體開發合作政策備忘錄，表示歐盟對拉丁美洲的開發合作政策，一則基於地理因素，一則基於該政策在不同區域實施的性質差異，並不能與既定實施的非加太國家與地中海盆地一帶的政策相提並論。根據執委會的備忘錄，歐盟與拉丁美洲的開發合作政策，將局限於貿易合作範疇，並逐步擴大到財政與技術性合作範疇[18]。

自歷史發展過程觀察，歐盟與拉丁美洲地區國家的第一個

18　Joseph A. McMahon, *The Development Co-operation Policy of the EC*(London. The Hague.Boston: Kluwer Law International, 1998), pp.137-141；所謂常設性合作機制，包括定期舉行大使級的對話，並舉行年度性的部長級會議，討論雙邊的經濟暨貿易關係。

合作協定，厥唯1971年與阿根廷所簽署的商業協定（commercial agreement）。該協定主要目的，在於鞏固並擴大雙邊傳統的經貿關係，歐盟並同意給予阿根廷進出口關稅的最惠國待遇（most-favored-nation），但雙邊必須在進出口方面，提供最大程度的自由化。

另外，在農業合作方面，雙邊同意定期知會有關市場資訊、貿易互惠的發展情形，以及在國際層級上共同合作解決涉及雙邊共同利益的問題[19]。值得注意的是，歐盟希望透過貿易的擴張，進一步討論有關雙邊撤除關稅與非關稅障礙的問題。歐盟在該協定中並做出讓步（concession），賦予阿根廷適用於一般貿易優惠制度（GSP）。此一優惠制度更進一步延伸至歐盟於1973至1975年間，與烏拉圭、巴西以及墨西哥等國，所簽署的混合貿易協定[20]。

歐盟與拉丁美洲進一步關係的發展，厥唯1980年5月歐盟與安地斯集團（Andean Group）進行第一次的部長級會議。歐盟部長

19　Official Journal L249/19(1971);EC Bulletin, 44-46(1972).

20　EC Official Journal L333/1(1973), L102/23(1974), L247/1。並請詳見 McMahon, op. cit., p.140；個別國家有其個別特殊利益，例如對烏拉圭而言，主要為農產品（牛肉），巴西的牛肉、可可等。為觀察一般優惠制度的實施情形，歐盟於1971年設立「貿易事務混合工作小組」（Joint Working Party on Trade Matters），作為監督的行政機制。不過，相對於非加太國家以及地中海地區國家，拉丁美洲國家僅能從歐盟非正式的「非具協定地位的開發中國家預算」（non-associationed developing countries budget）中獲取援助，此係雙邊貿易關係遲遲無法開展的主要原因與障礙。

理事會宣布，將與安地斯集團發展更廣泛的合作關係[21]。其結果更導致歐盟於1984年，由執委會頒布加強雙邊關係的指導原則（guidelines），將歐盟的拉丁美洲政策以洲際性的（continental）、次區域性的（sub-regional），以及雙邊性的（bilateral）三個層級推動合作。主要的重點仍屬於經濟合作，包括資源的移轉、能源、產業、工業，以及科學技術的合作等。為協助區域發展，歐盟對中美洲地區國家（例如哥斯大黎加、薩爾瓦多、瓜地馬拉、宏都拉斯，與尼加拉瓜等國），以及安地斯集團國家，提供糧食、技術與財政性的援助[22]。

　　在執委會此一政策備忘錄發布之後，歐盟不僅與安地斯集團簽署雙邊合作協定，且於同年9月，首度與中美洲國家以及康塔多拉集團國家（the Contadora States）（包括哥倫比亞、墨西哥、巴拿馬、委內瑞拉），於哥斯大黎加首都聖何塞（San José）舉行部長級會議，會中決議在政治與經濟面向合作建構組織化的對話。

　　在雙方所發布的聯合公報（Joint Communiqué）中強調，在政治對話方面，推動並促進社會正義、經濟發展、尊重人權及民主自由的工具性機制。在經濟性對話方面，則以經濟合作與增加歐盟在中美洲地區的投資為主。此外，在部長會議終結文件（Final Act of the Ministerial Conference）的第6條中，則規範了有關開發合作政策的內涵，歐盟承諾提供中美洲國家進行統合過

21　安地斯集團包括玻利維亞、哥倫比亞、厄瓜多爾、秘魯與委內瑞拉
　　五國。請參考EC Bulletin, 5(1980), point:1.3.4.
22　COM 184,105 final.

程的財政性支持[23]。

除前述與聖何塞集團國家合作之外，歐盟與拉丁美洲國家
開展政治關係的對象，尚包括1986年所建立的由南美洲國家及
墨西哥組成的里約集團(Rio Group)，雙邊自1987年以來即開始
舉行年度性的部長會議，並建立一系列的政治與商業性合作協
定。同時，在1999年6月雙邊舉行的里約高峰會議(Rio Summit)
中，歐盟與拉丁美洲國家雙邊同意建構「戰略性夥伴」(strategic
partnership)關係，協議提出「行動計畫」(Action Plan)，以增加
政治經濟與文化範疇的合作。

倘將歐盟與拉丁美洲關係的發展，依拉丁美洲地區統合運
動組織加以分類，大致上可將之區分爲歐盟與中美洲地區國
家、歐盟與安地斯集團國家，以及歐盟與南錐共同市場國家等
三大對象。茲分別闡述如下：

(1)歐盟與中美洲地區國家：其政治關係既如前述，主要的
合作目標，在於建構該地區的和平與民主化，並促進該
地區的經濟統合進程。對此，歐盟於1997年提供1億4600
萬歐元，1998年提供1億8900萬歐元，1999年提供2億
1800萬歐元，2000年則爲1億900萬歐元的財政性援助。
雙邊的合作主要根據1999年3月1日生效的「架構性合作
協定」(Framework Co-operation Agreement)，此一協定
設置「聯合委員會」(Joint Committee)，以及「次級委

---

23   Marjorie Lister(ed.), *European Union Development Policy*(London: Macmillan, 1998).

員會」(Sub-Committee)作為協調機制。根據歐盟的「區域戰略文件」(Regional Strategy Paper，簡稱RSP)內容顯示，歐盟主要以推動支持中美洲的經濟統合、共同政策的執行、區域機構的統合，以及加強統合過程中「公民社會」角色的涉入等為主。

此外，歐盟並於1998年11月在中美洲發生颶風災害之後，提供一項為期四年，援助金額達2億5000萬歐元的災害重建行動計畫(Community Action Plan for the Reconstruction of Central America)，主要目標在於公共衛生與教育設施的重建，以及對天然環境化合物的研究等。依最近一次在瓜地馬拉舉行的部長級會議中，強調未來雙邊最重要的合作領域，主要集中在減少天然災害的發生、建立防災體系與環境永續發展，以及加強對該地區人民公共安全的保護等。另外，在雙邊的經濟與貿易關係方面，歐盟提供給中美洲地區國家普遍優惠制的待遇，藉此，中美洲國家超過50%出口到歐盟地區的產品(尤其是農糧產品)，均享有此一優惠待遇。

自2001年6月以來，歐盟通過新的普遍優惠制，其中對中美洲國家，以及安地斯集團國家，特別賦予3年的特別優惠貿易安排(2001至2004年)，協助支持永續發展工程的建立[24]。

---

24 "The EU's relations with Central America: Overview" in http://www.europa.eu.int/comm/external_relations/ca/index.htm.

(2)**歐盟與安地斯集團國家**：雙邊自1983年以來，首先建立了「區域架構協定」(regional framework agreement)，並於1995年的歐盟馬德里高峰會議中，歐盟建立了安全的機構性的合作架構，包括政治性以及經濟合作關係機制。

就政治性關係而言，1996年雙邊透過羅馬聲明(the Declaration of Rome)表示，應定期舉行元首級特別會議(ad hoc presidential meeting)及部長級會議。最近一次於2002年5月18日，在馬德里舉行歐盟─拉丁美洲與加勒比海地區的高峰會議。

此外，在政治性對話方面，除了區域架構協定之外，針對貿易、產業、科技合作的混合委員會(Joint Committees)及混合次級委員會，均是重要工具。

就雙邊貿易關係而言，以2000年為例，雙邊貿易額僅達1500萬歐元，安地斯集團國家僅占歐盟外貿總額的0.8%。以產品類別區分，安地斯集團國家的出口90%主要是初級產品，至於歐盟則85%以上均是製成品。

自1990年12月13日以來，歐盟即賦予安地斯集團國家普遍優惠制待遇，並自1994年12月開始，給予一項為期10年的「多年期普遍優惠待遇」(multi-annual scheme of GSP)。

迄今為止，歐盟與安地斯集團國家的關係，主要仍是商業議題，其次是開發合作協定。就後者而言，歐盟是安地斯集團國家最主要的援助者，以1999年為例，歐盟即

提供7億美元的捐助，用於改善基礎設施，促進服務業
的發展。

近10年來，歐盟均依「區域性財政協定」（regional
financial Agreements），每年承諾給予1億3000萬歐元的
援助性支持（請參考表5-8）。

表5-8　歐盟對安地斯集團國家援助的區域合作基金統計（1992
　　　　至2000年）

單位：百萬歐元

年份（選擇性）\援助項目	1992	1997	2000	1992至2000年總數
財政性及技術性援助	12.8294		2.8	22.8
經濟性合作	0.08	3.074	2.0	11.963916
民主化與人權促進				11.375
糧食援助			8.0	8.591877
科學技術性	2.32			5.66
人道性援助				5.33
對非政府間國際組織的援助			1.394956	2.746793
能源				1.0
藥物濫用防制				0.998989
與第三世界國家及國防組織的合作				0.75
對區域統合運動的援助				0.6375
經濟與產業合作協定的援助				0.413449
發展訓練活動的援助				0.315995
其他				0.20
總援助金額				72.783519

資料來源：修改自 www:europa.eu.int/comm./external_relations/andean/intro/
　　　　　index.htm.

　　從歐盟觀點而言，未來歐盟與安地斯集團國家的政治性
對話與各項合作協定，其目標主要有三：一是透過民
主、人權與善治的管道，達成社會與政治的穩定；二是
完成區域統合的過程，提升經濟成長；三是減少貧窮問
題，並做好自然資源的永續管理。歐盟對其援助，也將
以實現上述目標爲主軸[25]。

(3)歐盟與南錐共同市場國家：南錐共同市場係由巴西與阿根
廷於1987年草創共同市場協議，並由阿根廷總統孟年
（Carlos Menem）於1991年3月26日，召集巴西、烏拉圭及
巴拉圭三國領袖，於巴拉圭首都簽署「亞松森協定」
（Tratado De Asuncion），推動四國間商品、勞務及資本自
由流通，加強成員國的經貿統合關係。1992年，歐盟執委
會即與南錐共同市場簽署「機構間協定」（Interinstitutional
Agreement），提供技術性與組織性的支持。
　　目前雙邊關係發展的基礎，主要在於1995年12月5日所
簽署，1999年7月1日生效的「區域間框架合作協定」
（International Framework Co-operation Agreement）。在此
之前，雙邊僅有若干非正式的政治對話。此一合作協定
建立包括元首級、部長級以及資深官員層級的雙邊對話
結構，並分別於1996年在盧森堡，1997年在Noordwijk，
1998年在巴拿馬城，2000年在Vilamoura，2001年在智利
聖地牙哥市舉行聯合部長會議。

25　General Affairs Council conclusions（2002.4.15）.

根據雙邊合作框架內容，歐盟的主要目標在於促進南錐
共同市場成員國的貨物與服務業的自由化、推動自由貿
易，與世貿組織規範（WTO rules）接軌等。同時，自2000
年4月以來，歐盟與南錐共同市場之間，總計進行了七
個回合的協定談判（Association Negotiations），就關稅、
服務業與農業等議題進行討論（詳見表5-9）。

表5-9　歐盟與南錐共同市場的協定規則情形（2000至2002年）

回合	時間	地點	主要規則議題
一	2000年4月6至7日	布宜諾斯艾利斯	• 建立三個協調貿易的技術工作小組，以及三個執行的次工作小組。 • 建立貿易自由化，特別是有關貨物與服務業的自由化。
二	2000年6月13至16日	布魯塞爾	• 資訊交換。 • 非關稅障礙的確認。 • 經濟與財政合作目標的確認。
三	2000年11月7至10日	巴西利亞	• 交換技術性資料。 • 確立經濟合作、政治對話與組織性架構的合作。
四	2001年3月19至22日	布魯塞爾	• 持續機構性合作框架的討論。 • 非關稅障礙議題。
五	2001年7月2至6日	蒙得維的亞	• 政治對話層級提高與深度的開展。 • 商議在關稅、競爭、統計、科學及技術性議題合作。
六	2001年10月29至31日	布魯塞爾	• 達成在科學技術、電訊、能源、交通運輸等合作協定。
七	2002年4月8至11日	• 布宜諾斯艾利斯 • 帕拉西奧聖馬丁	• 政治對話。 • 合作議題。 • 貿易促進措施。 • 交換雙邊對聯合公報內容的意見。

資料來源：整理http://www.europa.eu.int/comm/external_relations/mercosur/intro/index_htm相關資料。

2002年4月,歐盟執委會復頒布對拉丁美洲的「區域合作策略文件」(Regional Strategy Document 2002-2006)[26],根據此一文件,歐盟與拉丁美洲地區的合作關係將包含兩大面向。

一是在協助拉丁美洲建構公民社會夥伴關係網絡方面,歐盟將提供區域指標預算2億5000萬歐元,以降低社會不公平現象,並做好防止天然災害發生的措施。主要的合作計畫,包括資訊社會的促進,歐盟提供6億7500萬歐元;研究人員及學生赴歐盟境內研習交流計畫(Alaan),歐盟對此將提供2002至2005年的4500萬歐元資助,預估到2010年為止,歐盟將支付8800萬歐元的預算;去中央化的合作計畫(URB-AL),協助該地區1,200個鄉鎮地方層級發展直接與持續性的關係;支持雙邊商會交流(Chambers of Commerce),及其know-how技術的移轉計畫(ATLAS)(占600萬歐元);中小企業的貿易投資促進計畫(AL-Invest)(400萬歐元);大學的合作計畫(ALFA)(占2700萬歐元)等。此外,還有降低社會不公平的措施計畫等(占3000萬歐元)[27]。

二是加強拉丁美洲地區對天然災害的防制措施,以及災後重建的能力。對此,歐盟計畫提供4000萬歐元的作業預算因應,同時,歐盟亦藉此建立雙邊機構聯繫網絡,作為監督雙邊區域

---

26 Latin America: the European Commission adopts a strategy for regional cooperation 2002-2006, IP/02/598-Bruxelles(2002.4.22).

27 http://europa.eu.int/comm/europeaid/projects/alis/index_en.htm; http:// europa.eu.int/comm/europeaid/projects/Alban;http://www.urbral.com/; http://europa.eu.int/comm/europeaid/projects/al_invest/index_en.htm.

與次區域議題的設定與執行（歐盟大約提供150萬歐元）；另外，歐盟也計畫提供2000萬歐元，於2005至2006年間，建立能源永續管理的行政負責網絡，加強多邊關係[28]。

4. 歐盟與亞洲地區國家的關係：背景、發展與問題

　　歐盟與亞洲地區國家的關係，可追溯到1973年歐盟第一次擴大增加英國、丹麥及愛爾蘭三個成員國。特別是英國的加入，其與亞洲地區的大英國協成員（Asian Commonwealth countries）傳統的歷史關係，使得1973年後的幾年內，歐盟陸續與印度、斯里蘭卡、巴基斯坦與孟加拉諸國，簽署一系列的商業合作協定（commercial cooperation agreements），同時與東南亞國協簽署多邊性合作協定（其中東南亞國協成員國馬來西亞及新加坡均為大英國協成員）。1980年代歐盟與東南亞國協復談判完成兩國個別合作協定，1990年代於歐盟條約130u條所揭櫫的新的開發合作政策目標，使得歐亞關係也發生基本轉變。

　　基於經濟戰略利益平衡的考量，歐盟執委會於1994年公布「邁向新亞洲戰略」（Towards a New Asia Strategy）文件[29]，強調歐盟為維繫其世界經濟的領導角色，未來將強化其在亞洲地區的經濟角色。歐盟不僅強化與個別亞洲國家的雙邊互動關係，

28　適用於歐盟區域合作策略文件的拉丁美洲國家計有17個，分別是：墨西哥、巴拿馬、瓜地馬拉、宏都拉斯、薩爾瓦多、尼加拉瓜、哥斯大黎加、玻利維亞、哥倫比亞、委內瑞拉、秘魯、厄瓜多爾、巴西、阿根廷、智利、烏拉圭及巴拉圭等。

29　COM(94)314 final, p.1.

同時於1996年開始，構建多邊區域合作對話機制──「亞歐高峰會議」(Asia-Europe Meeting，簡稱ASEM)，由15個歐盟成員國、歐盟執委會、7個東協成員國(包括汶萊、印尼、馬來西亞、菲律賓、新加坡、泰國、越南)，以及中國大陸、南韓與日本等合計25個國家，每兩年舉行一次高峰會議，其目的一則在於促進雙邊經濟關係的進一步發展，一則在於縮減歐亞之間的文化與社會發展差距[30]。

從歷史發展觀點而論，早期自1974至1976年間，歐盟與印度、巴基斯坦、斯里蘭卡與孟加拉等國簽署的商業合作協定，均賦予這些國家貿易最惠國待遇(most-favoured-nation treatment)，並承諾彼此應開放其進口市場給予最大程度的自由化，雙方並逐步建立「混合委員會」(Joint Commission)，就未來涉及貿易關稅的稅率調整措施進行檢視。

1980年代初期，歐盟又陸續擴大其對印度、巴基斯坦的開發合作關係，將合作協定擴大到商業、經濟與開發合作範疇。至於在財政性與技術性的援助方面，歐盟也依據1974年7月部長理事會的決議，以及1981年的第442號規則，作為提供援助的法律基礎[31]。不過，對於援助的對象，則嚴格限制在貧窮國家及貧

30 Friedrich-Ebert-Stiftung, Europaeische Entwicklungspolitik: die Aussenbeziehungen der EU zu Afrika, Asien und Lateinamerika, in http://www.fesbrussels.org/entwicklungspolitik,htm.

31 EC Bulletin(1974), No.7, No.8., point:1222; Official Journal L48/8(1981)。根據歐盟執委會1989年報告顯示，歐盟自1970年代中期，迄於1980年代末期，對開發合作政策所執行的預算支付規模，高達44億900萬歐元，

窮人口聚集區域。唯自1990年以來，歐盟執委會將援助重點擺於六大部分，分別是：天然災害的防制、區域合作、環境、天然資源保護、民主及人權的促進等。值得注意的是，歐盟在亞洲地區推動開發合作政策，相當程度上取決於各該受援國的人權政策的發展情況。

其次，在歐盟與東南亞國協關係的起源，可以追溯到1975年，由歐盟執委會與東南亞國協聯合研究小組（Joint Commission-ASEAN study group）共同發展的正式對話開始。雙邊第一次會議於1997年舉行，主要由歐盟成員國的常設代表、執委會代表，及東南亞國協駐歐盟的大使代表組成。翌年，即1978年11月間，雙邊正式舉行第一次的部長級會議，其後雙方即以正式合作協定方式，進行雙邊互動。

在1980年雙邊合作協定的序言中即曾明示，以強化、深化及多元化的方式，推動雙方經濟與商業關係。在開發合作政策方面，合作協定的第4條中，歐盟表示以特定的開發計畫與合作項目，進行財政與技術上的援助。所謂「特定」（certain）的計畫，主要包括糧食生產與供應、鄉村的發展，以及教育與訓練設施等。與本節前述歐盟與南亞地區國家的商業合作協定不同的是，歐盟並未提供東南亞國協成員國一般貿易優惠的特許

其中將近40億歐元用於開發援助，包含19億5000萬歐元的財政與技術性合作，以及18億3600萬歐元的糧食援助。請參見EC Bulletin, No.5(1989), points:2.2.51, 2.2.52，並參考J. A. McMahon, op. cit., p.178.

待遇[32]。

1991年的雙邊部長會議中復決議擴大合作的範疇,並構築雙邊正式的政治對話,強調人權尊重與保護的重要性,其結果更導致1992年的「加強東協經濟合作框架協定」(Framework Agreement on Enhancing ASEAN economic Co-operation),作為協助東南亞國協推動自由貿易區(ASEAN Free Area/AFTA)的協作機制,包括建立「共同有效關稅稅目」(Common Effective Preferential Tariff Scheme,簡稱CEPT)等[33]。

再者,1997年2月在新加坡舉行的第12屆歐盟與東協的部長會議中,所發表的「共同聲明」(Joint Declaration),提及歐盟在協助東南亞國協建立自由貿易區的政策方面,將包括貿易、商業與投資等合作範圍,並承諾在開發合作援助、科技與人力資源發展方面,提供更廣泛的支持[34]。

唯自1990年代以來,歐盟的亞洲政策之推動與執行,已有「全方位」(global)的雛形。根據1994年歐盟所提出的「新亞洲策略」文件中,歐盟提出其在亞洲發展的主要背景,包括可以

---

32 EC Bulletin, No.11(1977), point:2.2.75; EC Bulletin, No.11(1978), point:2.2.58; Official Journal L144/1(1980),1985年歐盟與東南亞國協第5次部長級會議決議成立高層工作小組(Light-level working proup),研究如何增加歐盟對東南亞國協成員國的投資。請見EC Bulletin, No.3(1986), point:2.2.21.

33 Meeting of ASEAN Heads of Government 14-15, Dec, 1995(ASEAN Sectariat, 1996).

34 EC Bulletin, No.1, 2., point:1.3.115; http://www.europa.eu.int/en/ comm. /dg01/linkas5.

自亞洲經濟開發中掌握商機，獲得利益，協助亞洲開發國家（如中國大陸、印度、越南等）從國家計畫性經濟向市場經濟轉軌，並進一步融入國際經濟體系。

　　此一策略文件顯示，歐盟亞洲政策的主要目標有：承諾協助支持亞洲之和平與穩定、加強歐亞政經的聯繫關係，以及透過持續性的援助，促進亞洲低度開發國家的經濟及福利等[35]。對東亞及東南亞國家而言，其與歐盟互動主要有經濟合作與政治對話。前者可為雙邊，例如與中國大陸及南韓之間的關係，或可為區域多邊，例如與東南亞國協之間的關係。不論雙邊或多邊，歐盟的合作重心均強調要增加促進私部門的活動。

　　而在推動全方位的亞洲政策方面，歐盟一則加強與個別國家所簽署的單一合作協定（Individual Cooperation Agreements）的合作內涵（包括投資、私部門企業發展、環境政策與開發合作等）；一則推動與亞洲地區的多邊對話合作機制，最具體的成果，厥唯1994年新加坡倡議推動歐亞國家高峰元首會議，並於1996年3月1、2日，首次於曼谷舉行的亞歐高峰會議。

　　基本上，亞歐高峰會議係一個由15個歐盟成員國、歐盟執委會主席，以及10個亞洲國家（包括東南亞國協成員國的汶萊、印尼、馬來西亞、菲律賓、新加坡、泰國、越南，以及日本、南韓、中國大陸等），所共同組成非正式的對話與合作機制。除了每兩年舉行一次高峰會議之外，原則上，每年均舉行一次部

35　EC Bulletin, No.12(1994), point:I.18.

長級會議,以及一系列以工作性質區分的各種會議與活動[36]。

　　就歐盟推動亞歐高峰會議的過程來看,其合作政策主要集中於三大面向。首先是在政治支柱(political pillar)方面,歐盟推動一系列的亞歐高峰會議人權研討會,另外在減少對兒童的性侵害案件中,也舉行過若干次由非政府間國際組織、政府官員代表、警察司法人員代表共同磋商改善的措施。

　　其次在經濟支柱方面,主要係由經濟部長會議、貿易與投資資深官員(SOMTI)會議,以及「亞歐企業論壇」(AEBF)為主體,重點在於貿易與投資流通障礙的撤除,主要的議題包括對世界貿易組織議題的對話;「貿易促進行動計畫」(Trade Facilitation Action Plan,簡稱TFAP)的實施,以減少或撤除非關稅貿易障礙;「投資促進行動計畫」(Investment Promotion Action Plan,簡稱IPAP),主要在於促進雙邊貿易流通。此外,亞歐高峰會議財政部長亦致力於就雙方共同關切的利益進行對話,例

36　自1996年3月以來,亞歐高峰會議發展迄今,共舉行過四次高峰會議,分別是1996年3月在曼谷,1998年4月在倫敦,2000年10月在漢城,以及2002年10月在哥本哈根。另外,在外長會議方面,1997年2月於新加坡,1999年3月於柏林,2001年於北京;在財政部長方面,1997年9月於曼谷,1999年1月於法蘭克福,2001年1月於神戶;在經濟部長方面,1997年10月於Makuhari,1999年10月於柏林,2001年於越南舉行。同時,在經濟方面,年度性的「企業論壇」(Business Forum/AEDF)也由雙邊的私營企業代表參與,亞歐企業論壇於1996年10月首次於巴黎舉行,隨後分別是1997年於曼谷,1998年於倫敦,1999年於漢城,2000年於維也納,2001年於新加坡,2002年於哥本哈根。

如在國際金融體系中交換觀點，以及加強關稅領域的合作等[37]。

最後，在社會、文化與研究支柱裡，主要在於加強歐亞人民相互的了解與認知，主要的合作機制包括「亞歐基金會」（Asia-Europe Foundation，簡稱ASEF)的設置，透過行動計畫，加強文化遺產的保護。另外，在勞工關係、貿易福利、全球化議題衝擊，以及職業教育訓練等，均透過研討會或工作小組討論方式進行。

根據2002年9月22至24日，在哥本哈根舉行的第四次亞歐高峰會議，歐盟執委會提出「加強亞歐夥伴關係策略框架」（new Strategic Framework on Enhanced Partnerships between Asia and Europe），認為亞歐高峰會議展現了極具典範意義的「區域間合作」（inter-regional cooperation），並進一步強調未來歐盟將持續政治、經濟與社會三大支柱的合作，同時強化雙邊更廣泛的公

37　有鑑於1997年爆發的亞洲金融危機，1998年在倫敦舉行的第二次亞歐高峰會議提出兩次重要倡議，一是採取亞歐高峰會議的「貿易保證抵押」（Trade Pledge)，強調所有的亞歐高峰會議夥伴共同解決，並抵制任何保護主義的壓力，支持進一步的多邊貿易自由化；二是採取建立「亞歐高峰會議信託基金」（ASEM Trust Fund)，對雙邊提供必要的技術諮詢與訓練的協助。此一基金在倫敦會議之後快速成立，歐盟並承諾提供4000萬歐元，支持超過60個計畫的實施，以協助受金融風暴影響的亞洲國家。此外，歐盟執委會也成立「歐洲財政專家網路」（European Financial Expertist Network，簡稱EFEX)，協助亞洲國家的金融諮詢。可上網 http://www.europa.eu.int/comm/external_relations/asem/other_activiti es/index_activities.htm查詢。

共參與建立公民社會。爲執行此一框架合作計畫，歐盟執委會
計畫提供給「亞歐基金會」約350萬歐元的資金，推動文化交流
活動[38]。

　　再就雙邊關係而論。就日本而言，歐盟、日本與美國並稱
世界經濟發展的三大支柱。三者合計占世界生產總值總額的
2/5。其中日本乃係亞洲地區最大的經濟實體，占該區域生產總
值總額的2/3，日本亦是歐盟在亞洲地區最大的貿易夥伴。以2000
年爲例，日本與歐盟間的貿易總額（單就貨物與服務業而言），
即達1600億歐元。日本不僅是歐盟的第三大貿易出口夥伴，及
第二大貿易進口夥伴，同時也是歐盟境內的主要投資國。

　　鑑於日本與歐盟雙邊關係發展的重要性，在過去40餘年陸
續建構若干具建設性交往意義的非正式「對話」(dialogue)管道、
定期性的部長層級，乃至政府元首層級的高峰會議
（government-level summits)等，雙方藉此機制逐步塑構「夥伴關
係」。

　　不過，由於雙方長期以來仍存在嚴重的貿易逆差（以1995年

38　FOURTH Asia Europe Meeting Summit in Copenhagen September
　　22-24,2002(ASEM4): Unity and Strength in Diversity, Brussels,
　　23.July.2002-SEC(2002)874-Commission　Staff　working　Paper;
　　Commission of the European Communities, "Proposal for a Regulation
　　of the European Parliament and of the Council concerning Community
　　cooperation with Asia and Latin American countries and amending
　　Council　Regulation(EC),　No　2258/96",　Brussels(2002.7.2),
　　COM(2002)340 final. 2002/0139(COD).

為例，日本對歐盟貿易順差達214億歐元；1996年降為168億歐元），因此從戰略層次考量，歐盟希望日本開放國內市場，以平衡雙邊貿易逆差；再就戰術層次考慮，歐盟的成員國及其執委會（commission）自1970年代以來，即常強烈要求限制日本製造業進口至歐洲市場。此外，在外來直接投資方面（FDI），雙方亦呈現出不對稱發展，期間雖經多次磋商，唯成效仍屬有限。

自歷史發展角度觀察，直至1990年代初期為止，日本與歐盟僅發展出若干非正式性或正式性的聯繫管道，直至1991年7月18日雙邊於海牙（The Hague）舉行部長會議，並簽署政治性的「聯合聲明」（Joint Declaration on Relations between the European Community and its Member States and Japan），雙方協議於政治、經濟、文化領域內擴大合作範疇，並建立年度性的會議諮商架構，推動更深層廣泛的合作關係，其中包括每半年舉行部長層級及三角外長層級會議，同時舉行年度性的高峰會議（包括日本首相、歐盟執委會主席，以及歐盟元首高峰會議輪值國主席）。

1991年的聲明也首度指陳建立雙邊制度化的「政治性夥伴關係」，其意義重大，確立了高層的合作框架，也使得自1991年後的各次高峰會議（如1992年在倫敦、1993年在東京、1995年在巴黎、1996年在東京、1997年在海牙、1998年在東京、1999年在科隆、2000年在東京、2001年在布魯塞爾、2002年在東京等），不僅提供雙邊領袖進行議題高層對話，目前雙方合作範疇廣及貿易投資、產業、高科技、能源、就業、社會競爭、環境、能源、防恐怖主義、國際犯罪、技術創新，乃至於市場通

路與自願性出口限制(Voluntary Export Restraints,簡稱VER)等
問題,同時也可以就共同關切的國際問題進行對話,尋求共同
利益,此一合作機制形成所謂的「雨傘結構」(umbrella
structure)。

　　根據2001年雙方於布魯塞爾高峰會議,所揭櫫的「合作行
動計畫」(An Action Plan for EU-Japan Cooperation)內容以觀,
未來雙方合作範疇主要有以下四點:

　　(1)促進和平與安全,包括軍控、裁軍、非核擴散、人權、
　　　　民主、衝突防禦、和平建構區域穩定。

　　(2)以全球化驅力,加強經貿夥伴關係,包括雙邊貿易與投
　　　　資、資訊與傳播科技、多邊貿易合作(世界貿易組織),
　　　　以及國際貨幣金融體系的合作。

　　(3)面臨全球性社會挑戰,包括性別平等、就業、教育訓練、
　　　　環境、生物科技、能源交通運輸、恐怖主義、跨國犯罪、
　　　　司法合作。

　　(4)人民與文化交流合作,例如學術活動、青年交流。

　　本研究一則基於日本與歐盟舉足輕重的國際政經影響力,
其關係的互動將動見觀瞻,值得關注;再則,日本為亞太地區
最主要的行為者(actor),其外交作為與對外關係的思維,不僅
牽動區域合作態勢,也影響國際局勢,現存已建構的東南亞國
協、亞歐高峰會議,以及亞太經濟合作會議等國際多邊架構,
均值得探究日本的角色。尤其是亞歐高峰會議的架構,也值得
觀察日本與歐盟的互動。最後,本研究仍亟望藉此檢視日本與

歐盟的雙邊夥伴關係之發展過程與評估其前景，作為檢視區域主義(regionalism)的發展限制等。

　　其次就歐盟與美國的跨大西洋關係而言，主要建構在自1990年以來，雙邊所發表的跨大西洋聲明(the Transatlantic Declaration)、新跨大西洋議程(the New Transatlantic Agenda)，以及跨大西洋經濟夥伴(the Transatlantic Economic Partnership)的合作基礎上。為此，雙方建立了「跨大西洋企業對談」(transatlantic business dialogue)、勞工對話(labor dialogue)、消費者對話(consumer dialogue)、環境對話(environmental dialogue)，以及歐洲議會與美國國會的立法對話(legislative dialogue)。

　　為執行雙方合作所需，1997年雙邊簽署了關稅合作與關務互助協定(Agreement on Custom Cooperation and Mutual Assistance in Customs Matters)，以及科學技術協定等。值得重視的是，1998年雙邊達成建立經濟夥伴(TEP)的共識，內容涵蓋多元的多邊與雙邊的合作事項。1999年6月21日，雙邊於德國波昂簽署「波昂聲明」(Bonn Declaration)，其實彼此關係係「完全且平等」(full and equal)的政經安全夥伴。

　　再就歐盟的中國大陸政策部分來看，1990年代以來，其雙邊關係發展迅速。首先，1995年7月，歐盟執委會通過批准對中國大陸長期政策策略白皮書（文件）(Strategiepapier zur langfristigen Politik der Europaesiche Union gegenueber China)，該策略文件基本上融合了德國聯邦政府1993年的亞洲策略，以及1994年歐盟執委會通過的邁向新亞洲戰略文件(New Asian

Strategy）³⁹，其發展基礎均源於亞洲與中國大陸快速的經濟發展。

歐盟1995年的策略文件揭櫫四大重點：政治關係、經貿關係、合作協調、資訊。就政治關係而言，提高人權政策的考量，仍是歐盟與中國大陸發展政治關係的主軸。針對此點，歐盟的策略文件明示：人權問題對於歐盟的中國大陸政治關係發展，具高度意義或重要性。歐盟將就與人權尊嚴有關的觀點，在雙邊對話中詳細表述，同時將人權問題以國際觀點，與中國大陸進行協商對話，作為歐盟制訂中國大陸政策的重要前提條件。

歐盟特別強調，藉由聯合國人權委員會，使國際社會介入中國大陸的人權問題，尤其是在1995年2月，歐盟通過的決議案顯示，國際社會的支持結果，對中國大陸人權形象進行的強力批評方式是著有成效的。由此可以確認，歐盟將就此解決與中國大陸領導層的衝突。

就政治考量而言，歐盟的中國大陸政策有兩項考量：一是中國大陸在國際社會與亞洲的角色日趨重要，例如在裁軍與武器軍備管制的政治性對話方面，中國大陸扮演積極「建設性的參與」（constructive engagement）角色；二是香港、澳門兩地回歸準備工作（主權轉移問題等）。

就經貿而言，歐盟更建立一系列的合作計畫，不僅支持中國大陸的改革過程，同時也加強雙邊的經濟關係。此外，歐盟

39　Aktuelle Beitraege Zur Wirtschafts-und Finanzpolitik(1993.10.20、24),
　　pp.1-21; EU 95, KOM(95)279, von 5.7(1995), pp.8-10.

支持中國大陸加入世界貿易組織的議題，也牽涉雙邊的利益[40]。

　　再就實際面向而言，歐盟執委會1995年的提案，不僅加強已經存在的合作計畫，同時更建構了許多新的合作計畫。最重要的計畫，例如支持、肯定中國大陸在基層選舉（村級）實踐的努力，同時也透過法律建構途徑，進行執法人員的互訪交換，訓練中國的律師，協助改造中國大陸法律制度的架構與內涵。

　　例如在1997年11月，雙方舉行了中國大陸—歐盟法律研討會（China-EU Recht-Symposium），大約有將近100位雙方的法律學者專家與會（涵蓋歐盟的11個國家），探討有關中國大陸經濟發展過程中，法律角色的調整與變遷[41]，凡此均植基於已在1994年在上海建立的中歐國際商業學校（China-Europe International Business School，簡稱CEIBS），以及在北京所建立的中國大陸—歐盟農業技術中心（CESAT）。

　　基本上，歐盟過去幾年在執行上項計畫時，並未有太多差異，但對於人權的堅持上，歐盟的態度卻有極大的轉變。這並非意味歐盟對中國大陸人權狀況的評價鬆動，而是因為中國大

40　European Commission, *The European Union and Hong Kong: Beyond 1997*, Brussel. COM(1997), p.71。歐盟對中國大陸加入世界貿易組織的最重要訴求是：降低進口關稅、取消貿易壟斷及貿易自由化非關稅性障礙的去除；產業政策調整符合世界貿易組織規範（取消一切不符合世界貿易組織規則的配額，或其他非貿易壁壘、再補貼、標準化、國家貿易，取消出口稅部分，中國大陸應接受適當規定，及應堅持非歧視原則等）。Kay Moeller, China in die Welthandelsorganisation?, SWP-AP3011(1997.4)。

41　詳見新華社（1997年11月13日）。

陸快速發展的經濟所蘊藏的商機，以及歐盟個別會員國正逐漸
放寬自1989年以來各種的制裁措施，例如接替密特朗成爲法國
總統的席哈克（Jacques Chirac），基於法國國家利益，明顯地在
主導歐盟制訂一個共同的歐盟中國大陸政策[42]。

　　距1995年歐盟頒布邁向二十一世紀歐盟與中國大陸長期關
係策略文件之後，1998年3月25日，執委會更批准一項內容更爲
廣泛的中國大陸政策文件，名爲：「與中國大陸建立全面性夥伴
關係」（Building a Comprehensive Partnership with China），基本
上仍以1995年策略文件爲基礎，擴建與中國大陸的關係。然而
歐盟必須爲這項政策，透過許多合作機制的建立，來反映政策
上的價值與落實。

　　根據該項策略文件內容，主要有五個重點：首先，是中國
大陸在國際社會角色應以正視；二是支持中國大陸進行司法法
制改革，邁向開放性的法治國；三是加強中國大陸在世界經濟
體系的融合程度；四是加強歐盟對中國大陸的財政援助、義務；
五是改善、加強歐盟在中國大陸的重要性與地位。

　　同時，在若干的合作事項上，1998年的策略文件也較1995
年更見具體與愈趨廣泛，尤其是在擴大政治對話的層次建議方
面。不僅是在形式與實質意義，內涵上更能透過對話，就亞洲
區域問題方面，例如朝鮮問題、緬甸、越南、高棉等國家進行

42　European Commission EU/China Relations. In the light of Visit to Beijing
　　by Sir Leon Brittan accompanied by European businessmen(1996.11.13-
　　19)，或上網http://europa.eu.int/eu/comm/dgo//0202chin.htm查詢。

議題討論、諮商。

在將中國大陸整合進入世界經濟體系方面，歐盟更提出十大建議，改善、支持中國大陸的社經改革，例如國有企業改革可能引發的後遺症、財政租稅體制改革、法律與行政體系的改革，以及環保、能源供應等，但歐盟也同時評估中國大陸改革若未能成功，所可能對歐盟產生的影響性研究[43]。

值得注意的是，1995、1998年兩項策略文件基本上的差異，是對人權問題的討論，雖然中國大陸的人權狀況距離國際標準相差甚遠，但是國際社會在人權會議上討論已有所緩頰，與1995年比較起來，人權對話作為聯合國人權論壇的附加工作，也成為歐盟與中國大陸合作措施的一項重心。

由於歐盟本身基本上是由經濟共同體發展為主軸，其對外發展關係，也以經濟利益為主要考量，再進一步拓展共同外交、安全的政策，但若發展外交僅涉及以人權政策為主要考量，則未免又嫌過度狹隘。尤其在對處理與中國大陸關係時，有必要以較彈性務實的角度審視，因此對於歐盟中國大陸政策的評價，必須有較為多元的了解。

從歐盟在3年內提出對中國大陸發展關係的兩項策略文件顯示，歐盟一方面要調整其在中國大陸的重要角色，另一方面將中國大陸在歐洲的關係角色引進歐盟體系。也因為雙邊對話

43　Katja Afheldt, *Economic Security: The EU's Stable in a Sustainable Development in China*（Hamburg: Institut fuer Asienkunde zum EU-China Academic Network-First Privat Policy Workshop, 1997）.

管道的建立，使得歐盟始能就朝鮮半島、越南、緬甸以及中亞
情勢，與中國大陸交換意見。台灣由於在此文件中著墨點極少，
尚未成爲雙方對話的主題。歐盟在此一區域，並未有明顯軍事
或其他安全戰略利益的特殊考量[44]。

　　另外，歐盟的共同外交與安全政策，雖然沒有重大的進展，
尤其是歐盟設計的共同行動決議採一致決同意原則，也連帶影
響共同政策的產生。以歐盟的中國大陸政策而言，若以外交政
策爲導向，其個別會員國的政策與共同體政策，可能無從避免
發生雙軌的情形，此將同時影響歐盟的外貿政策。以進口而言，
歐盟雖可完全自主規範，但對於出口而言，在第三國市場方面，
歐盟會員國即須面臨相當的競爭。這對以外貿出口爲鼓勵的歐
盟國家而言，無疑是難以調適的[45]。

　　此外，歐盟在中國大陸市場上的競爭壓力，主要來自於美
國、日本兩國（尤其是美國），中國大陸領導人也了解到應（充分）
利用歐盟在中國大陸處於弱勢的情境，製造歐盟與個別會員國
的發展與中國大陸關係的矛盾，且協助解決。此即「甜點與鞭

44　歐盟當時的輪值主席Jacques Poos坦承，拒絕中國大陸以任何協議，
　　迫使歐盟撤回日內瓦舉行的人權委員會的反對立場；比較European
　　Institute for Asian Studies – Bull(1997.10)。

45　Margot Schuelle, Perspektiven der Europaeisch-chinesischen Wirtschafts-
　　beziehungen, Haus H. Ban/Kart Wohlmuth eds., *China in der
　　Weltwirtschaft*(Hamburg, 1996), pp.149-174; Carsten Herrmann-Pillath,
　　Aussnpolitik statt Export-foederung. Fuer eine Neuorientierung der
　　deutschen China-politik, *Internationale Politik & Gesellsehalt*,
　　No.2(1996), pp.145-159.

子」(Zuckerbrot und Peitsche)的軟硬兼施策略[46]。

　　簡言之，歐盟與中國大陸的關係，就歐盟與個別會員國而言，均在創造雙方最高層級的合作。但是，在人權問題方面，歐盟的考量顯然更甚於個別會員國，而會員國因個別國家利益的考量又甚於歐盟政策，但雖然如此，歐盟執委會卻仍不斷擴大其中國大陸政策的合作基礎，這自然又是經濟關係掛帥的結果。

　　1990年代歐盟與中國大陸發展政治關係意義，隨著人權問題的討論上下游動，明顯的，歐盟想藉由與中國大陸關係的拉近，增加自身在國際社會經濟與政治面的角色。對中國大陸而言，同時加深與歐盟的經濟關係，並且發展與個別會員國的政治安排，兩者並不存在衝突、矛盾。所以1995、1998年歐盟發表的策略文件──加強與中國大陸的政治關係仍受到高度的肯定。

　　自1997年年中以來，明顯的是歐盟仍致力於與中國大陸協調，每年舉行一次高峰會議，該項高峰會議也必須配合中國大陸與日本、俄羅斯與美國等國外交關係進展的考量。具體的成果，則有1998年2月初，歐盟執委會副主席Leon Brittan與中國大陸正式會談，同時在4月2日透過倫敦舉行的第二屆亞歐高峰會議，進行高層對話。

46　中國大陸政府在阿姆斯特丹與荷蘭同殼牌石油公司，簽署自1980年代以來的第一個合同，價值81億馬克。參見*South China Morning Post*(1998.2.14)。

歐盟1998年的「與中國大陸建立全面性夥伴關係」發布之後，經過兩年的發展與評估，於2001年5月，歐盟執委會向歐洲議會及部長理事會呈遞一份名為：「歐盟的中國大陸策略：1998年綱領調整及政策的深化步驟」(The EU Strategy towards China: Implementation of the 1998 Communication and Future Steps for a more Effective EU Policy)的策略文件，該策略文件除了回顧檢討1998年歐盟中國大陸政策的發展之外，主要在於建構雙邊的合作與對話機制，並提出一系列具體補充建議[47]。

根據文獻顯示，歐盟策略的調整主要是基於幾項因素考量。首先，就歐盟發展情勢來觀察，1998年以來歐洲統合發展若干轉變，例如1999年阿姆斯特丹條約的批准生效、2000年尼斯條約的簽署、2000年12月歐盟基本人權憲章的批准等，均構成歐盟與中國大陸關係加強的要素，復以歐盟刻正積極推動「共同外交與安全政策」，以及「共同內政及司法政策」，以邁向政治統合做準備，歐盟亟思在既定的基礎上，擴大與中國大陸的合作範疇。

其次，就中國大陸內部的發展情勢以觀，其國際政經地位日趨重要。中國大陸在全球貿易體系中占第七位，亦是全球第

47　Mitteilung der Kommission an den Rat und das Europaeische Parlament "Die China-Strategie der EU: Umsetzung der Grundsaetze von 1998 und weitere Schritte zur Vertiefung des politischen Konzepts der EU" Bruessel, den Kom(2001.5.15)265 endgueltig. 並請參閱吳東野，〈歐盟對台海兩岸政策走向之研究〉，《遠景季刊》，2卷3期(2001年7月)，頁11-16。

二大外國投資的對象，在電訊及資訊產業中的經濟份量居世界樞紐；而且加入世界貿易組織的議題，促使中國大陸加速推動經濟、社會、金融等改革；唯與此同時，中國大陸的貪污腐敗問題、城鄉發展差距問題、社會階層分化問題、2002年秋天的中國大陸十六大權力交替問題，乃至於台灣問題等，均是其面臨的「內政困境」。據此，歐盟一則無法漠視中國大陸的快速發展，同時亦須融入中國大陸的內政環境，以與美國、日本等國競爭。

再者，進一步強化與中國大陸的關係，有利於歐盟的戰略利益，特別是對政治對話、人權處置與非法移民問題對話，以及增加與中國大陸各部門與產業的對話，俾使雙方成為名副其實的貿易與投資夥伴關係等。

復次，歐盟認為中國大陸並非一個「順從」夥伴，人權問題仍然是歐盟的重要考量，亦是雙邊關係發展的指標，因此，歐盟仍希望藉此加強與中國大陸「交往」（engagenment），促其全球化的發展，俾使中國大陸社會轉型，並承擔協助解決區域以及國際問題的責任[48]。

復就歐盟2001年策略文件具體內涵分析，主要涵蓋五大範疇。首先，歐盟主張將加強中國大陸融入國際社會，其策略是透過「政策對話」（policy dialogue）範圍的擴大，包含政治高層每年兩次對話、技術專家定期會晤，以及設立歐盟駐北京政治諮詢顧問，定期與中國大陸外交部就國際與區域問題定期對

---

48 *China Aktuell*(2001.5), pp.519-520.

話,並就雙邊高峰會晤的對話,致力尋求共同利益,並協議簽
署共同聲明與議定書等,此外,還有定期評估歐中政策對話的
功能等。

　　至於細部的對話重點,則包括人權問題、南北韓和解問題、
緬越毒品交易、南中國海情勢、台海問題的和平解決、武器擴
張、軍火輸出,以及裁軍問題、多邊安全對話機制的建構(例如
亞歐高峰會議議題、東協區域論壇及聯合國等)、非法移民、人
權處置議題,聯合國架構下的加強合作等[49]。

　　其次,歐盟支持中國大陸邁向一個更開放的社會體系,具
體的策略及措施,包括促使中國大陸支持批准聯合國「經濟、
社會暨文化法國際公約」、「政治與公民權利公約」,協助中國大

49　1998年歐盟中國大陸策略文件發布後,其雙邊關係進展迅速。1998
　　年4月,在倫敦舉行首次歐盟─中國大陸年度高峰會議(EU-China
　　Annual Summit);次屆於1999年12月假北京舉行,第三屆於2000年
　　10月同樣於北京舉行。此一高峰會議係雙邊政治領導者就合作議
　　題,意見交換及未來行動的重要管道。2001年9月5日,雙邊於布魯
　　塞爾舉行第四屆高峰會議。中國大陸由總理朱鎔基率領135人龐大
　　代表團,其中包括外交部長唐家璇、外經貿部長石廣生等人。歐盟
　　出席代表,包括比利時總理(現為歐盟輪值主席)維霍夫斯達(Guy
　　Verhofstadt)、共同外交安全政策的高級代表索拉納(Javier Solana)、
　　執委會主席普羅迪(Romano Prodi)、對外關係委員巴頓(Chris
　　Patten)、貿易政策委員拉密(Pascal Lamy),以及比利時外長米歇爾
　　(Louis Michel)等人。第四屆高峰會議討論雙邊關係,政治對話、人
　　權、經貿關係、經濟與社會政策合作,合作防制非法移民,以及其
　　他亞歐間的區域議題等。詳見Fourth EU-China Summit,
　　http://europa.eu.int/comm/external_relations/china/intro/summit4.htm。

陸逐步改善監獄條件、法律體系，以及包含刑事程序法典、經濟、社會文化、公民法改革的合作計畫、人權、民主改革、技術援助與中長程的合作[50]。

再者，歐盟加強中國大陸與世界經濟的接軌。鑑於中國大陸現今為全球第七大貿易國，至2000年為止，占全球貿易總額的3.9%，國家貿易總額達4740億美元，外來直接投資高居世界第二位，達3486億美元，外資投入中國大陸企業達6767億美元。在電訊、交通、能源及環境產業的發展，中國大陸的角色日趨重要。同時，由於歐盟對中國大陸的貿易逆差，在2000年當年高達444億歐元，除香港外，同年度歐盟係中國大陸最大的外來投資者。

就世界多邊體系而言，歐盟與中國大陸存在共同利益，尤其是中國大陸加入世界貿易組織。中國大陸分別於1999年11月與美國，以及2000年5月與歐盟簽署雙邊「市場開放協定」，就電訊、資訊及核子能源的和平使用等進行合作，並於2000年11月，與歐盟達成「關稅問題互助合作協定」。

由於中國大陸目前係歐盟僅次於美國、日本的第三大貿易夥伴（出口市場第三大，進口市場第二大），而中國大陸亦係歐盟普遍優惠制的主要受益國，雖然2000年1至9月的統計，歐盟對中國大陸貿易逆差高達320億歐元（1999年達300億歐元逆差），唯歐盟仍完全支持中國大陸的經貿改革，同時，亦極力支持中國大陸加入世界貿易組織。歐盟認為中國大陸若未能加入

50　*China Aktuell*, op. cit., pp.522-523.

世界貿易組織，是世界貿易的損失，同時，此舉亦有利於歐盟企業在中國大陸的發展，進口的關稅與非關稅稅率也將明顯降低。中國大陸亦將在世界貿易組織的國際貿易規範體系下，推動決策透明化、貿易公平化與開放性的經貿體制，並進一步加速中國大陸的法制建設，特別是涉外投資與經貿法律方面[51]。

---

51 歐盟與中國大陸的世界貿易組織雙邊談判協議，於2000年5月19日在北京簽署；多邊談判亦於同年6月於日內瓦，由世界貿易組織入會工作小組經過七次會議，於2001年1月確認中國大陸最終多邊承諾，以及中國大陸接受世界貿易組織的議定書，中國大陸的入會案於2001年11月10日通過，成為世界貿易組織的第143個會員國。期間雙邊就電訊、保險、關稅稅率、運輸機具、服務業、農業等其他議題達成協議。事實上，為因應此一形勢，歐盟於1998年10月開始，推動雙邊企業論壇(EU-China business dialogue)，增加互信與合作，歐盟更提供一系列技術與法律援助，金額高達2400萬歐元，藉此加強中國大陸政府行政管理能力，其目的更希望透過此一機制，在未來世界貿易組織架構下，履行彼此的法定承諾，尤其是中國大陸方面。詳細內容請參見WTO accession arrangements high on agenda for EU-China summit Brussels(2000.10.19)。或可上網 http://europa.eu.int/comm/trade/bilateral/China/;china.htm 查詢。The Sino-EUAgreement on China's Accession to the WTO: Results of the Bilateral Negotiation(http://www.ecd.org.cn/WTO/ts.htm)。此外，為加強雙邊的經濟關係，歐盟更推動在上海成立「中歐國際商業學校」，協助中國大陸進行金融改革；倡議「歐盟──中國大陸法律與司法合作計畫」(EU-China Legal and Judical Cooperation Programme)，以及環境與產業合作計畫，並進一步於2001年提出2,000名獎學金計畫，提供中國大陸學生赴歐盟地區的大學深造求學。可上網http://europa.eu.int/Comm/external-relations/China/intro/indes.htm，及http://www.europa.eu.int/Comm/trade/bilateral/China

　　此外，歐盟中國大陸混合委員會於2000年的年度會議中，除了再次揭櫫合作重點，將繼續支持中國大陸的經社改革、解決貧窮問題、環境保護措施的加強、人權問題、性別公平待遇外，歐盟更提出於2001至2005年之間，提供中國大陸約2億5000萬歐元的合作計畫，同時亦提出2001至2003年雙邊優先合作的項目：包括中國大陸加入世界貿易組織、社會保障制度、人道支援運動、建構電訊與資訊產業社會、非法移民的取締、財政金融制度改革等。

　　上述合作計畫，由歐盟執委會授權新設置的「歐洲援助合作處」(Europe Aid Co-operation Office)管理運作[52]。同時，為加強歐盟與中國大陸雙邊問題的正確認知，歐盟提出包含多範疇、多層次的互訪計畫，尤其是密集邀訪媒體傳播記者，設置雙邊網站網路系統，舉辦各類性質的研討會與學術活動等[53]。透過此一機制，一則落實歐盟的中國大陸政策，一則定期檢視評估，以調整政策內涵。

　　質言之，1990年代以後，歐盟與中國大陸關係的發展基礎，主要建立在雙邊的政治與經濟共同利益之上，對歐盟而言，中國大陸不僅作為其經濟的延伸場域，有利於其境外投資與美國、日本共同取得競爭優勢；同時，歐盟建構的亞歐高峰會議機制，更將其政治影響力融入亞洲地區，透過各種合作與對話

　　/high.htm查詢。

52　China Aktuell, op. cit., p.527.

53　Ibid, pp.528-529.

管道,與中國大陸協力解決區域與國際問題,為雙方創造最佳「利得」的積極環境[54]。

在歐盟對台灣的政策部分,歐盟僅認知台灣為一獨立的關稅主權區域,並非將之視為一個主權國家,但由於台灣係歐盟的第11大貿易夥伴,因此,基本上,歐盟對台灣經濟關係的維持,將具有重要性。目前雙邊國家舉行年度諮商,就經濟、文化、科學,以及與市場開放有關的通訊、金融、酒類、藥物與公共投資部分進行磋商。

在政治方面,歐盟恪遵「一個中國」的原則,支持和平解決,並鼓勵兩岸建設性的對話。在參與世界貿易組織事務方面,將是台灣與歐盟當前主要的核心議題,未來雙方在世界貿易組織架構下,以及歐盟在台灣設置辦事處架構形成之後,雙邊關

---

54 亞歐高峰會議係15個歐盟會員國、歐盟執委會,以及10個亞洲國家(包含汶萊、中國大陸、印尼、日本、南韓、馬來西亞、菲律賓、新加坡、泰國及越南等國),所建構的非正式對話與合作程序,主要針對政治、經濟與文化議題的共同目標與利益,加強關係、了解與信任。第一屆亞歐高峰會議於1996年3月假曼谷召開,取得兩年召開一次高峰會議,每年定期舉行部長層級會議,以及多層級、多議題的工作會議與活動共識等。第二屆亞歐高峰會議於1998年4月在倫敦舉行,主要討論亞洲金融危機問題。第三屆亞歐高峰會議於2000年10月在漢城舉行,建構二十一世紀雙邊合作關係的取向;第四屆預計於2002年下半年,假哥本哈根舉行。可上網 http://www.europa.eu.int/comm/external-relationa/asem/intro/index.htm 查詢,並請參考Barbara Dreis-Lampen, *ASEAN und die Europaeische Union: Bestandsaufnahme und Neubewertung der interregionalen beziehungen*(Hamburg: Institut fuer Asienkunde, 1998)。

係預料將日趨熱絡。

　　最後，就歐盟發展與多邊的國際組織互動關係方面，不論是在聯合國、歐洲安全與合作組織或世界貿易組織方面，將分別就和平維持、安全環境與國際經濟秩序方面，發展廣泛性的夥伴關係（wide-ranging partnership）。特別是在歐洲安全與合作組織方面，由於地理鄰近性與地緣戰略的考量，歐盟將在歐盟共同外交暨安全政策的架構下，就與安全議題有關的部分，例如武器管制、預防性外交、信心建立、安全建構措施、人權與少數民族的保護、環境議題，以及選舉觀察方面，形成雙邊未來合作的重要事項。

附錄

簡稱	英文名稱	中文名稱
ACS	Association of Caribbean States	加勒比海國家協會
ADB	Asian Development Bank	亞洲開發銀行
AG	Andean Group	安地斯集團
AI	Amnesty International	國際特赦組織
APEC	Asia-Pacific Economic Cooperation Council	亞太經濟合作會議
APO	Asia Productivity Organization	亞洲生產力組織
APPU	Asia-Pacific Postal Union	亞太郵政同盟
ARF	ASEAN Regional Forum	東協區域論壇
ASEAN	Association of South East Asia Nations	東南亞國協（東協）
ASEF	Asia-Europe Foundation	亞歐基金會
ASEM	Asia Europe Meeting	亞歐高峰會議
CABEL	Central American Bank for Economic Integration	中美洲銀行
CACM	Central American Common Market	中美洲共同市場

CARICOM	Economic Commission of Latin American and the Caribbean	加勒比海共同體
CECLA	Special Latin America Co-ordinating Committee	拉丁美洲地區特別協調委員會
CEFTA	Central European Free Trade Association	中歐自由貿易協會
CEIBS	China-Europe International Business School	中歐國際商業學校
CFSP	Common Foreign and Security Policy	共同外交及安全政策
CLRAE	Congress of Local and Regional Authorities of Europe	歐洲地方與區域政府會議
CMEA	Council for Mutual Economic Assistance	東歐經濟互助委員會
COMESA	Common Market of Eastern & Southern Africa	東南非共同市場
COREPER	Committee of Permanent Representatives	常設代表委員會
DAWN	Development Alternatives with Women for a New Era	新時代婦女發展運動
EAEC	East Asian Economic Caucus	東亞經濟核心
EAEC	European Atomic Energy Community	歐洲原子能共同體
EAEG	East Asian Economic Grouping	東亞經濟集團
EBRD	European Bank of Reconstruction and Development	歐洲復興開發銀行
ECB	European Central Bank	歐洲中央銀行
ECJ	European Court of Justice	歐洲法院

ECOWAS	Economic Community of West African States	西非國家經濟共同體
ECSC	European Coal and Steal Community	歐洲煤鋼共同體
EDC	European Defense Community	歐洲防禦共同體
EEA	European Environment Agency	歐洲環境署
EEC	European Economic Community	歐洲經濟共同體
EFTA	European Free Trade Association	歐洲自由貿易協會
EIB	European Investment Bank	歐洲投資銀行
EMCDDA	European Monitoring Centre for Drugs and Drug Addiction	歐洲藥物暨藥癮監試中心
EMEA	European Agency for the Evaluation of Medicinal Products	歐洲醫藥製品評鑑總署
EMU	European Monetary Union	歐洲貨幣聯盟
EP	European Parliament	歐洲議會
EPC	European Political Community	歐洲政治共同體
EPRD	European Programme for Reconstruction and Development in South Africa	歐盟南非復興與開發計畫
ESA	European Space Agency	歐洲太空總署
EU	European Union	歐盟(歐洲聯盟)
FAO	Food and Agriculture Organization	世界糧食與農業組織
GONGO	Government Organized Non-Governmental Organization	政府組織的非政府組織
GROs	Grass-Root Organizations	基層(草根)組織
IADB	Inter-American Development Bank	美洲開發銀行

IAEA	International Atomic Energy Agency	國際原子能總署
IAI	International Agriculture Institute	國際農業研究所
IBFG	Internationaler Bund Freier Gewerkschaften	國際自由工會聯盟
IBRD	International Bank for Reconstruction and Development	國際復興開發銀行（世界銀行）
ICAO	International Civil Aviation Organization	國際民用航空器航行組織
ICES	International Council for the Exploration of the Sea	國際海洋探勘理事會
ICO	International Coffee Organization	國際咖啡組織
IDA	International Development Association	國際開發協會
IGOs	Inter-Governmental Organizations	政府間國際組織
IFAD	International Fund for Agricultural Development	國際農業發展基金
IFC	International Finance Corporation	國際金融機構
IMF	International Monetary Fund	國際貨幣基金
INTELSAT	International Telecommunications Satellite Organization	國際通訊衛星組織
Interpol	International Criminal Police Organization	國際刑警組織
IOC	International Olympic Committee	國際奧林匹克委員會
ITO	International Trade Organization	國際貿易組織
ITU	International Telegraphic Union	國際電訊同盟

IULA	International Union of Local Authorities	國際地方權限聯盟
LAAI	Latin American Association of Integration	拉丁美洲統合協會
MERCOSUR	Mercado Comun del Cono Sur	南錐共同體
MIP	Multiannual Indicative Programme	多年期指標性計畫
MNEs 或 MNCs	Multinational Enterprises/Corporations	多國企業
NAFTA	North American Free Trade Agreement	北美自由貿易協定
NGOs	Non-Governmental Organizations	非政府間國際組織
OAU	Organization of African Unity	非洲團結組織
OCAS	Organization of Central American States	中美洲國家組織
OECD	Organization for Economic Cooperation and Development	經濟合作暨發展組織
OIEC	Organization for International Economic Cooperation	國際經濟合作組織
OPEC	Organization of the Petroleum Exporting Countries	石油輸出國家組織
OSCE	Organization on Security and Cooperation in Europe	歐洲安全暨合作組織
PBEC	Pacific Basin Economic Council	太平洋盆地經濟理事會
PBF	Pacific Business Forum	太平洋企業論壇

PCA	Partnership and Cooperation Agreement	夥伴合作協定
PCIC	Permanent Court of Interantional Court	國際法院常設法庭
PECC	Pacific Economic Cooperation Council	太平洋經濟合作理事會
PVOs	Private Voluntary Organizaions	私部門自願性組織
SAARC	South Asian Association for Regional Cooperation	南亞區域合作協會
SADC	South African Development Community	南非開發共同體
SADCC	Southern African Development Co-ordination Conference	南非發展協調會議
SICA	Sistema de la Vutegracioen Centroamericana	中美洲統合體
SHOs	Self-Help Organization	自助性組織
SPC	South Pacific Commission	南太平洋委員會
SPF	South Pacific Forum	南太平洋論壇
TAFTA	Transatlantic Free Trade Area	跨大西洋自由貿易區
TGO	Transgovernmental Organization	跨政府的國際組織
TNCs	Transnational Corporations	跨國公司
TNO	Transnational Organization	跨國性組織
TSMOs	Transnational Social Movement Organizations	跨國社會運動組織
UIA	Union of International Associations	國際協會聯盟
UN	United Nations	聯合國

UNCED	United Nations Conference on Environment and Development	聯合國環境與發展會議
UNCHE	United Nations Conference on Human Environment	聯合國人類環境會議
UNCRO	UN Confidence Restoration Operation in Croatia	聯合國信心恢復軍事作業
UNCTAD	United Nations Conference on Trade and Development	世界貿易與發展會議
UNDP	United Nations Development Programme	聯合國開發計畫
UNEF	Un Emergency Force	聯合國緊急部隊
UNEP	United Nations Environment Programme	聯合國環境計畫
UNHCR	UN High Commissioner for Refuges	聯合國難民問題高級專員
UNIDO	United Nations Industrial Development Organization	聯合國工業發展組織
UN PREDEP	UN Preventive Deployment Force	聯合國防止武力分散
UN PROFOR	UN Protection Force	聯合國保護部隊
UPU	Universal Postal Union	萬國郵政同盟
WCO	World Customs Organization	世界關稅組織
WEF	World Economic Forum	世界經濟論壇
WEU	West European Union	西歐聯盟
WHO	World Health Organization	世界衛生組織
WIPO	World Intellectual Property Organization	世界智慧財產組織
WMO	World Meteorological Organization	世界氣象組織

| WTO | World Trade Organization | 世界貿易組織 |
| WWF | World Wide Fund of Nature | 世界野生動物基金 |

新管理學系列4

國際組織管理：全球化與區域化之觀點

2004年1月初版　　　　　　　　　　　　　　　定價：新臺幣300元
有著作權・翻印必究
Printed in Taiwan.

| 著　者 | 朱 景 鵬 |
| 發 行 人 | 劉 國 瑞 |

出 版 者　聯 經 出 版 事 業 股 份 有 限 公 司
台 北 市 忠 孝 東 路 四 段 5 5 5 號
台 北 發 行 所 地 址：台北縣汐止市大同路一段367號
　　　　　電話：(0 2) 2 6 4 1 8 6 6 1
台北忠孝門市地址：台北市忠孝東路四段561號1-2樓
　　　　　電話：(0 2) 2 7 6 8 3 7 0 8
台北新生門市地址：台北市新生南路三段94號
　　　　　電話：(0 2) 2 3 6 2 0 3 0 8
台 中 門 市 地 址：台 中 市 健 行 路 3 2 1 號
台 中 分 公 司 電 話：(0 4) 2 2 3 1 2 0 2 3
高 雄 辦 事 處 地 址：高 雄 市 成 功 一 路 3 6 3 號 B 1
　　　　　電話：(0 7) 2 4 1 2 8 0 2
郵 政 劃 撥 帳 戶 第 0 1 0 0 5 5 9 - 3 號
郵　撥　電　話：2 6 4 1 8 6 6 2
印 刷 者　雷 射 彩 色 印 刷 公 司

責任編輯	顏 惠 君
校　對	呂 佳 真
	李 淑 芬
封面設計	楊 鳳 儀

行政院新聞局出版事業登記證局版臺業字第0130號

國家圖書館出版品預行編目資料

國際組織管理：全球化與區域化之
觀點 / 朱景鵬著 . --初版 .
--臺北市：聯經，2004 年（民 93）
272 面；14.8×21 公分 .（新管理學系列：4）

ISBN　957-08-2669-X(平裝)

1.國際組織-管理

578.12　　　　　　　　　　　92021808